Libertad Financiera de Saint Germain

Compilación

Luis Mesias

Agradecimientos

Querido lector,

Nos sentimos profundamente agradecidos por haber elegido este libro, Libertad Financiera de Saint Germain, como parte de tu camino hacia la transformación y el crecimiento espiritual y financiero. Tu preferencia es un honor para nosotros, y esperamos sinceramente que este conocimiento te inspire y te ayude a manifestar abundancia y libertad en tu vida.

Que disfrutes de cada enseñanza y decreto contenido en estas páginas, y que encuentres en ellos las claves para liberar todo tu potencial. Este libro ha sido creado con dedicación y amor para apoyarte en tu evolución personal y financiera.

Si este contenido ha sido de valor para ti, te agradeceríamos que compartas tu experiencia dejando una reseña en Amazon. Tu opinión no solo nos ayudará a mejorar, sino que también permitirá que otros puedan beneficiarse de este mensaje transformador.

Con gratitud y luz,

Luis Mesias

Índice

ÍNDICE 3

HISTORIA ENIGMÁTICA DE SAINT GERMAIN 8

INTRODUCCIÓN 14

LIBERTAD 14

No necesitas estar en el mismo papel para siempre. 15

"Legiones de la Libertad" 17

Responsabilidad por la armonización y la Liberación. 20

En el Umbral de la Libertad ponte de Pie. 21

CAPÍTULO 1 24

PROVISIÓN 24

ABASTECIMIENTO 26

BENDECIR Y PROSPERAR 28

CASA DEL TESORO 30

CONCIENCIA DE PROSPERIDAD 32

LA ELECCION DEPENDE DE TI 35

DINERO 37

DIOS EN LOS NEGOCIOS 39

ÉXITO ASEGURADO EN CUALQUIER NEGOCIO 44

EXTERIORIZAR LA "PRESENCIA" 46

MOTIVOS DE FRACASO EN UN NEGOCIO 48

OFERTA Y DEMANDA 50

ORO PERDIDO 53

PROPÓSITO DE LA EXISTENCIA DEL ORO 54

¿ESCOJE LO QUÉ QUIERES TENER? 57

RIQUEZAS 59

RIQUEZA ACUMULADA 61

SUMINISTRO PARA LOS ESTUDIANTES 63

CAPÍTULO 2 67

FINANZAS 67

EMPLEOS 69

EN LA OFICINA 71

LIBERTAD FINANCIERA 73

LIMITACIÓN FINANCIERA 76

PÉRDIDAS FINANCIERAS 79

CAPÍTULO 3 81

PAZ 81

AQUIETAR LO EXTERNO 82

AQUIETAR LOS SENTIMIENTOS 83

CALMA 84

CAMINO DEL MEDIO 84

CUIDAR LOS SENTIMIENTOS 86

EN LOS BRAZOS DE DIOS 87

EQUILIBRIO EN TUS ACTIVIDADES 89

HORAS DE SUEÑO 89

LOGRO PERMANENTE DE LA PAZ 92

PAZ EN EL HOGAR 92

PODER DE PAZ 93

PROVOCACIÓN 93

RELAJACIÓN Y DESCANSO 96

SERENIDAD 96

SER PAZ 98

CAPITULO 4 99

PRECIPITACIÓN 99

CONDENSACIÓN Y ETEREALIZACIÓN 100

MOLDEAR LA SUSTANCIA 101

PODER DE PRECIPITACIÓN 103

PRECIPITACIÓN DE ORO 104

Historia Enigmática de Saint Germain

Para la historia oficial el origen del conde de Saint Germain es un enigma. Sobre su patria de nacimiento hay múltiples afirmaciones, pero la más digna de fe, es tal vez, la del príncipe Carlos de Hesse Cassel, quien declara en su memoria que Saint Germain afirmó ser hijo del príncipe Rakoczy de Transilvania y de su primera esposa, una Teleky.
De todas maneras, a pesar de lo dicho por Carlos de Hesse Cassel, toda Europa se planteó el interrogante muchas veces.

Asumió por propia voluntad el nombre de hermano santo, que es lo que significa Saint Germain, según se dice, para distinguirse de sus hermanos, aunque otras fuentes nos dicen que este nombre le viene del hecho de haber comprado una propiedad llamada San Germano en el Tirol italiano.

Este extraño personaje, que hablaba a la perfección cerca de treinta lenguas tanto antiguas como modernas, que reunía en sí todos los conocimientos de la época, fue el asombro de las cortes europeas durante todo el siglo XVIII y principios del XIX. Recorrió Europa bajo diversos nombres, tales como Marqués de Monferrat, Conde Bellamarre, Caballero Schoening, Caballero Weldon, Conde de Soltikoff, Príncipe Rakoczy, Conde de Surmont, etc.

Fue un experto en la transmutación de metales y piedras preciosas, lo que demuestra que la alquimia no guardaba secretos para él, afirmándose también que sabía preparar un elixir de eterna juventud mediante el cual se conservaba siempre joven, como lo atestiguan todos lo que lo conocieron, pues mientras la gente a su alrededor mostraba en sus cuerpos el paso del tiempo, él aparentaba siempre alrededor de cuarenta años.

Saint Germain fue un adepto dotado de los más grandes poderes. Profetizó ante Luis XV, Luis XVI, y María Antonieta los tempestuosos acontecimientos que se avecinaban para Europa. Poseía el don de la ubicuidad, y se cuenta que podía aparecer en donde se lo necesitara, sin recurrir al uso de las puertas y adivinándolo telepáticamente, cuando era llamado o invocado. Tenía una memoria prodigiosa demostrada no solo en su conocimiento lingüístico, sino también cuando, leyendo rápidamente un largo escrito era capaz de repetirlo palabra por palabra al día siguiente.

Controlaba perfectamente y en forma igual los dos hemisferios de su cerebro, demostrando esto al escribir dos cartas al mismo tiempo, con una mano una carta de amor y con la otra una de alta filosofía. Como músico tenía un talento extraordinario, siendo capaz de tocar todos los instrumentos, aunque el violín era su preferido.

Se lo describe físicamente como bien proporcionado y de peso mediano, con facciones regulares y agradables, cabello negro y tez ligeramente morena, frente amplia y ojos separados. Vestía con elegancia pero en forma sencilla, con ropa algo ceñida y generalmente de color negro. Solía relatar en sus charlas cortesanas experiencias vividas varios siglos y aun milenios atrás, con lo cual provocaba en sus oyentes un enorme asombro, seguido este tanto de escepticismo y la burla, como de la admiración de algunos pocos amigos fieles que tuvo. Actuó también en el terreno de la diplomacia, recordándose especialmente su viaje a la Haya para hacer arreglos de paz con los holandeses por encargo de Luis XI de Francia.

En cuanto al hecho de su muerte, éste es un asunto tan misterioso y lleno de incógnitas como su nacimiento. Oficialmente se dice que «murió» en casa de su amigo y protector el príncipe Carlos de Hesse Cassel, el 27 de febrero de 1784. ¿Es cierto esto? Si esto es cierto, ¿cómo fue entonces que se apareció en 1789 a Madame de Adhemar para predecir los episodios revolucionarios, y a Rudoplf Graifer en 1790 revelándose sucesos que habían de tener lugar en los siglos XIX y XX, tales como el nacimiento de los ferrocarriles y los barcos a vapor en el siglo XIX y las alteraciones climáticas que vendrán en el fin del ciclo astronómico actual, en las postrimerías del siglo XX?

¿Quién es realmente el Conde de Saint Germain? Las enseñanzas ocultas nos dicen que la individualidad altamente evolucionada que apareció en Europa con ese nombre, llegó al adeptado bajo la vestidura física de hijo del príncipe Rakoczy, habiendo sido antes el filósofo Francis Bacon y antes el también filósofo y científico Roger Bacon. Siendo Francis Bacon, escribió las obras que aparecieron después como de William Shakespeare.

Logró su tercera iniciación en el cuerpo de Francis Bacon y su cuarta y quinta iniciaciones en el cuerpo de Rackoczy. Ya como maestro Rakoczy, perteneciente al séptimo rayo, le fue dada la regencia de Europa y América en el gran gobierno interno del mundo que dirige la evolución de la humanidad. En la primera mitad del siglo XX asumió el cargo de Maha Chohán, llamado también señor de la civilización, el cual es uno de los tres grandes señores que, encarnando los tres rayos mayores (voluntad o poder, amor, sabiduría e inteligencia o actividad) guía a los hijos de los hombres hacia su perfección.

El Maha Chohán encarna el aspecto inteligencia, y su tarea es la de estimular el desarrollo de ésta entre los hombres para así, fortaleciendo la relación entre la vida y la forma, el espíritu y la materia, beneficiar a la civilización, resultante de la acción del hombre inteligente sobre la naturaleza. El que Saint Germain tenga un alma del séptimo rayo (Magia Ceremonial), y que durante la vida de su cuerpo físico haya pertenecido a logias secretas francmasónicas y rosacruces, nos indica que su acción se efectúa principalmente por medio del ritual esotérico, aunque también por ser el séptimo rayo un subsidiario del tercero (al igual que el cuarto, el quinto y el sexto) influenció ya desde antes de asumir el puesto de Maha Chohán, a todos los discípulos cuya alma es de tercer rayo, siendo fundamental su aporte a los descubrimientos científicos de la edad contemporánea. Esta influencia se realizó por medio de la impresión telepática en la mente de los buscadores, causando las a menudo llamadas inspiraciones que todo profundo pensador conoce.

Aquél que se llamó a sí mismo el Noble Hermano Santo (Conde de Saint Germain), Noble de sobre Monte (Conde de Surmont) y Caballero Bienhechor (Waldone), debe retornar al mundo, según piensan algunos, para dar un mensaje especial a través de un vehículo físico apto y puro, tal como lo hicieron el Cristo Maitreya a través del cuerpo de Jesús, y el Buda Amitaba a través del cuerpo de Gautama.

¿Dónde estará el castillo (cuerpo causal) en el cual el «Conde» podrá aposentarse?

Introducción

LIBERTAD

- Si pides Libertad para ti, asegúrate de dársela primero a los demás. Es una Ley infalible que aquellos que son responsables del encarcelamiento de personas inocentes, y de que estas se vean privadas de su libertad de acción, atraerán la misma experiencia a sus propias vidas, hasta la tercera y cuarta encarnación siguiente. Yo preferiría mil veces morir que ser el instrumento que prive de su libertad a cualquiera de los Hijos de Dios.

- Cada uno debe darle a todo el mundo Libertad mental. No se puede obligar a nadie a hacer algo contra su propio Libre Albedrío; cada individuo debe tener la Libertad de elegir. La única cosa que puedes hacer es invocar a la "Presencia" para que los libere; entonces, la Sabiduría de la "Presencia YO SOY" hará lo que considere mejor. Yo he pasado por todos y cada uno de los procesos de la vida, desde las más grandes limitaciones hasta la Libertad que experimento actualmente y que he disfrutado por largo tiempo.

- Nosotros continuaremos hasta que todos en el mundo hayan llegado a conocer a su "Poderosa Presencia YO SOY", la Fuente de la Vida, el Dios Individualizado. Solo entonces, la humanidad alcanzará la gran Libertad que cada ser humano sabe, en su corazón, que es real.

-

No necesitas estar en el mismo papel para siempre.

- Siglos atrás, Yo estaba muy interesado en presentar la Ley a través del teatro. ¡Claro que sí! Montábamos varias obras de Shakespeare en una temporada. Pero cuando terminábamos una obra, el actor no necesitaba permanecer en el mismo papel para siempre. Lo mismo sucede con el cuerpo estudiantil. Los estudiantes no tienen por qué permanecer desde que nacen hasta que son liberados de la encarnación humana, en el mismo papel ni en la misma obra. Queremos que ahora se quiten las máscaras, que sean el verdadero poder de ese Santo Ser Divino que han olvidado temporalmente, pero que se pretendía que fueran desde hace eras.

- El mar de olvido parece aplicarse, únicamente, a aquello que desean empujar a lo profundo de la mente subconsciente, donde permanece como una herida que supura en los éteres. Dicho de otra manera, los estudiantes tienen que aprender a DEJAR IR, COMPLETA Y TOTALMENTE, cualquier papel que hayan interpretado anteriormente en la escena terrenal, e interpretar ahora su Papel Divino para esta Nueva Edad Dorada, en la que caminarán y hablarán como Hijos e Hijas de la Libertad, expresando plenamente esa Libertad en, a través y alrededor de sí mismos. Dondequiera que vayan, se producirá la Liberación; dondequiera que pongan su atención, la posarán sobre la Liberación; todo lo que sientan será una expresión de la Liberación; y todo lo que digan serán palabras de Liberación. Y Yo estaré allí, en medio de ellos, dándoles constantemente Mi sentimiento de la verdadera Libertad Divina, pues vivo para transmitirles este sentimiento como una parte permanente de su ser.
-
-

"Legiones de la Libertad"

- Espero que sientas conmigo el Poder de las "Legiones de la Libertad", pues Ellas están conformadas por los Ángeles del Fuego Violeta. Son Seres Ascendidos que jamás usan su fuerza destructivamente; que purifican todo, dondequiera que pasan; y que encarnan todas las Bendiciones del Amor Supremo.

-
-

- Cuando te des cuenta de que puedes disolver el temor o lo que sea que haya en tu mundo, podrás desecharlo totalmente. Quiero que sientas esto, porque hoy te he otorgado la Libertad. Por supuesto, solamente será temporal, a menos que la aceptes y mantengas tu atención sobre Ella. Esto será muy fácil de hacer, si te das cuenta de que lo que te he dicho es la Verdad, y que has sido liberado de esas condiciones; si era temor o cualquier otra cualidad la que se estaba manifestando, ya no se encuentra presente. Tú, quizás, no lo entiendas, pero Yo no sufro ningún tipo de limitación.

- Estoy derramando sobre cada ser el Poder de la Vida, las Poderosas Corrientes de Energía, el Poder sostenedor e invencible. El mismo está entrando en el mundo de sentimientos de cada individuo, elevándolo al Dominio, la Libertad, la Felicidad, la Fuerza, el Poder y la Valentía que algún día lo conducirán a ese glorioso Poder y Libertad de la Vida, y le darán aquello que su Corazón ha anhelado durante tantas vidas, la mayoría de las cuales no recuerda hoy.

- Tú hallarías la Libertad y la Liberación en tus manos, si tan solo intentaras comprender esta Gran Sabiduría y la aplicaras en tu Vida. Es ridículo estar recordando las cosas que no resultaron. ¿No es algo maravilloso que después de los siglos que llevas generando limitaciones para ti mismo, puedas, en poco tiempo, destruirlas y liberarte por medio de tu propia atención y esfuerzo? ¿No vale la pena hacerlo? La forma más rápida de lograrlo es emplear el humor. La sensación liviana y la alegría que genera el humor permiten producir manifestaciones maravillosas.

- Si tú te empeñas e invocas la Ley del Perdón, puedes consumir todas las malas creaciones del pasado' con la Llama Violeta Transmutadora y ser libre. Debes estar consciente de que la Llama Violeta es la Activa Presencia de Dios actuando. La Libertad de Dios está aquí en acción. "Yo Soy la Presencia que me libera de toda condición". Yo te aseguro que la Libertad está ante tu puerta, en todo sentido. Solo debes mantener tu personalidad armonizada y negarte a aceptar las sugerencias inarmoniosas y siniestras de la atmósfera y de aquellos con quienes tienes contacto en la forma mortal.

-
-
- Nuevamente, permíteme enfatizar que el camino perfecto y el más rápido hacia la Libertad es el sentimiento de moverse, constantemente, bajo la Radiación y la Inteligencia de Dios. Llena conscientemente tu cuerpo y tu mente con Dios, de tal manera que no haya espacio para nada más. Cuídate, y no permitas que entre ningún sentimiento inferior a Dios. Créeme, amado, cuando te digo que la creación humana que has generado es lo único que te separa de tu Libertad de toda limitación. Esa creación no será un obstáculo mayor que el que tú aceptes que sea. Si le quitas el poder de limitarte, cualquier día, en cualquier momento, podrás atravesar el velo, gozosamente, hacia el mundo de la "Presencia Electrónica", tan bello, tan alegre, tan lleno con la deslumbrante Luz de su Gloriosa Presencia, y moverte allí para siempre en la Luz de la Gloria Eterna.
-
- Luego, cuando regreses a través del velo humano, para servir en la actividad exterior, continuarás sintiendo la Gloria de ese Ser Trascendente que eres. Entonces, la maldad de tu propia condición externa o la de los que están a tu alrededor, no te tocará ni te afectará en absoluto.
-

Responsabilidad por la armonización y la Liberación.

- ¡Qué gran responsabilidad armonizar y desembarazar a una parte de la vida de toda cualidad discordante, hasta que la misma sea liberada! A veces, a esa vida se la puede servir mejor purificándola por medio del Poder de la Transmutación, antes de otorgarle la Liberación total. Por ejemplo, si tuvieras un león o un tigre enjaulado y, en un arranque de lástima o compasión por su aprisionamiento, lo liberaras, sin transmutar primero su naturaleza, le harías más mal que bien a tu prójimo.
- Esto se aplica también en el caso del gran Reino de la Naturaleza. Si los poderosos Directores de los Elementos le dieran plena libertad a los mares, al viento, a los elementales de la tierra (que todavía no están plenamente armonizados), antes de que los mismos fueran purificados, estos elementos actuarían desenfrenadamente, causando gran aflicción y cataclismos de todo tipo.
- De manera que es menester que apliques un gran discernimiento a la hora de utilizar la Llama de la Liberación y de liberar a una parte de la vida. A la Llama de la Liberación también se la conoce como la Actividad Transmutadora y Pu- rificadora por este motivo, pues

cuando esa actividad de purificación y transmutación de la naturaleza inferior ha tenido lugar, entonces la vida (no importa la forma en que opere) puede ser liberada sin peligro alguno para todos los implicados, y se puede alcanzar un gran sentimiento de liberación y regocijo Divino por toda esa vida que estaba aprisionada.

- Dado que represento la Libertad para este planeta Tierra, es Mi deseo que, tan rápidamente como sea posible, toda esa vida aprisionada conozca la Liberación, de forma segura. Dentro de la Vida hay un deseo innato de Libertad. Toda la vida desea Liberación, pero no toda la vida está, todavía, lista para que la plena Liberación se manifieste. Ahora nos hallamos en el período de preparación para que la responsabilidad que implica la Liberación total sea aceptada.

-
-
-

En el Umbral de la Libertad ponte de Pie.

- ¡Ponte de pie, por una vez, en el Umbral de la Libertad donde nos paramos Nosotros! Los insignificantes deseos humanos se desvanecen con el paso de los siglos; vida tras vida, las mismas viejas luchas, una y otra vez, sin ningún cambio perceptible; y entonces entras, repentinamente, en la Corriente de Luz, que es como la escalera mecánica de una tienda por departamentos, que además de tu propio movimiento, te va conduciendo hacia arriba, cada vez más rápidamente, hacia esa Libertad Eterna en la Luz. Tal vez no haya mejor ilustración que cuando subes a esas escaleras mientras estas se mueven; tienes tu propio esfuerzo allí, pero, debajo de ti, está también el Poder de la Luz llevándote hacia arriba. Eso es lo que Nosotros representamos para ti.

-
- El Poder, la Conciencia y la Luz de los Maestros Ascendidos son exactamente como esa escalera mecánica debajo de tus pies, que te está elevando con un poder mayor al que tu propio esfuerzo podría ejercer. Sin embargo, por tu obediencia a Nuestros requerimientos, te está conduciendo a una meta segura y definitiva. Bendito ser, gracias a tu gozosa atención a la "Presencia" y a los Grandes Seres, a esa Gran Actividad Perfeccionadora que está teniendo lugar dentro y alrededor de ti y de tu mundo emocional, entrarás por completo en ese agradable Orden Divino, Perfección y Armonía que te permitirán gozar de la felicidad, el confort y la provisión de todo lo que requieres en el mundo externo. ¿No ves que sería imposible que cada cosa en tu vida externa no entrara en el Orden Divino?
- Mi amado, cuando des la orden: "Yo demando todo

aquello que me conduzca a la Victoria de la Vida, todo aquello que me conduzca a la Victoria de la Libertad Divina", ¡serás libre! ¡Cuando decretes todo aquello que te conduzca a la Libertad Divina, Yo estaré allí para liberarte con la Llama Violeta Consumidora!

-
- **Maestro Saint Germain**
-
-

Capítulo 1

PROVISIÓN

- De la Gloriosa Plenitud de la Luz y la Sustancia Omnipresente de Dios, surge la Abundancia de todas las cosas. Dios es el Dador, el Recibidor y el Don, y es el Único Dueño de toda la Inteligencia, la Sustancia, la Energía y la Opulencia que existen en el Universo. Si los Hijos de Dios aprendieran a dar únicamente por el gozo de dar -sea amor, dinero, servicio o lo que fuera-, la expresión externa no podría carecer de una sola cosa. Sería imposible.
- Sabiendo que "YO SOY la Esencia misma de todo

aquello que yo deseo", te das cuenta de que te es posible producir, en forma visible y tangible, cualquier cosa que tengas en la conciencia. En este estado de crecimiento es necesario estar consciente de que: "YO SOY la Presencia Activa de todos los canales de distribución de todas las cosas que actúan para mi bien". Si viene a ti el pensamiento de que: "Esto es todo lo que tengo", córtalo de raíz y afirma: "YO SOY la Opulencia de Dios, en mis manos y uso hoy". Esto debe ser mantenido en un Silencio Sagrado por cada individuo, dentro de sí. Acepta y utiliza con reverencia esta Sagrada Sabiduría.

- Cuando tomas del propio "YO SOY", es imposible que te estés apoderando de algo que le pertenece a otra persona. Tú estás decretando para tu mundo, así que no puedes quitarle nada a nadie, pues conoces su propia Ley: "YO SOY la Presencia actuando en todas partes". La "Presencia YO SOY' no puede dividirse. Decreta frecuentemente y con júbilo: "¡Yo permanezco con Dios, la Suprema, Vencedora y Reinante Presencia YO SOY; y puesto que YO SOY la Presencia, no carezco de ninguna cosa buena!". También di: "¡Dios! ¡Dame algo de dinero ahora, ya!". Esto no puede fallar, así como el Universo no puede dejar de existir.

- Me encantaría que cada uno de los estudiantes use el siguiente decreto, en este mismo momento, con todo el entusiasmo que pueda expresar: "YO SOY, YO SOY, YO sé que YO SOY el uso de la Ilimitada Opulencia de Dios".

Rememora constantemente: "Yo vivo, me muevo, tengo mi Ser y toda expresión externa en la plena Opulencia de Dios, y la manifiesto a cada momento".

-

ABASTECIMIENTO

- Quiero exponer ante ti estas sencillas Leyes, en forma tal que ni siquiera el intelecto pueda rechazarlas, ya que ellas representan tu Provisión y Libertad. Amado Amigo, te pido que pienses en la necesidad de dinero que cientos de miles de personas están manifestando, y en muchos casos, en su desesperación por obtener alimento, alojamiento y abrigo; hay un Poder de Luz, Energía e Inteligencia que hace latir el corazón de cada uno de ustedes y que, en muy pocas horas, podría descargar para todos la provisión de dinero que requieren.

- Tú te limitas a ti mismo solo porque crees que tu abastecimiento depende de otros seres humanos; me refiero a la forma humana. Piensas que ciertas cosas, que algunas actividades del mundo exterior, son las únicas maneras que tienes de obtener el suministro que requieres. Con esa actitud, lo que has logrado es invertir toda la corriente de tu Energía Vital. Cuando invocas a la "Poderosa Presencia YO SOY", que es tu Casa del Tesoro, para que te abastezca, pones en acción la Inteligencia de tu "Presencia", el "Poderoso YO SOY".

-

-
- Acción, Mi Amado, eso es lo que necesitas, ya que nada que esté estático o inmóvil producirá resultado alguno. Por lo tanto, cuando invocas a la "Presencia" a la acción, esa "Presencia" es también tu Casa del Tesoro, y Ella descarga a través de ti, directamente desde tu Cuerpo Mental Superior, toda la energía y provisión que requieres, y actúa sobre personas, lugares y condiciones, armonizándolo todo. Una vez que entiendas esto, no te hallarás privado del dinero que requieres ni un solo minuto más. Esta es una Ley muy simple, pero Majestuosa y Todopoderosa.
- No hay razón para que los seres humanos sufran carencias. Aunque no lo saben, son ellos mismos los que generan estas privaciones. Entiende que, con tu Invocación a la "Presencia de la Vida", al aceptarla como tu Casa del Tesoro, estás cumpliendo con la más grande Ley del Universo. Tu "Presencia" no está guardando monedas de oro o billetes. Pero como Ella es la Creadora, o Su Energía e Inteligencia fueron usadas para crear todas las monedas de oro y todos los billetes que existen, con la Invocación y aceptación de tu "Presencia" como la Casa del Tesoro de tu mundo, habrás cumplido con la Ley de la Vida. Esta establecerá Su Poderosa Inteligencia en la octava humana —o en el mundo de actividad humano-, para producir las condiciones que permitirán la descarga de toda la Provisión que requieras en las actividades de tu Vida, de

acuerdo con el Orden y la Justicia Divina.

-
- Recuerda siempre que es la Sabiduría de la Vida la que está actuando; como resultado, ninguna discordia podrá llegar a ti, siempre y cuando realices la Invocación sinceramente. La discordia solo se manifiesta cuando permites que la misma se exprese en tus sentimientos, incluso después de hacer la Invocación. Cuando asumes una postura fiel y sincera hacia tu Invocación a la Vida, Su Sabiduría actúa, brindándote las condiciones que necesitas, incluyendo el Suministro de dinero.
-

BENDECIR Y PROSPERAR

- Invoca Bendiciones sobre tus empleados y sobre todos aquellos que deseen lo que ofreces. Si produces algún artículo de consumo, invoca Bendiciones sobre dicho artículo y, de esta manera, bendecirá a todos aquellos que lo toquen. ¡El Poder de la Bendición no es algo sentimental! En el pasado se pensaba que era solo una actividad femenina; pero hoy en día la humanidad está comenzando a entender que el Poder de la Bendición es una Actividad Divina de la Vida, y que es el mayor Poder Protector en toda experiencia humana. Y ¿por qué es así?
- ¡Siempre intento ser así de práctico! Yo no te digo lo

que algo puede ser, sino por qué ES así. El Poder de la Bendición descarga Sustancia Autoluminosa e Inteligente que envuelve a la persona, condición o lugar que bendices, y esa Sustancia es la Luz de tu "Presencia" que no conoce resistencia ni interferencia alguna. Entonces, ¿por qué no puede ser práctico? ¿Por qué la Bendición no puede ser un Poder para lograr el Bien? ¿Por qué no puede ser un Poder para alcanzar el Exito?

-
-
- Una vez le sugerí a un estudiante que le dijera a toda persona y asunto: "Que Dios te bendiga". Él obtuvo resultados notables, pues el uso continuo de esta afirmación es una fuerza poderosa actuando, que genera una condición en la cual todo te bendice. El uso continuo de la afirmación: "Dios bendiga esto", dirigida hacia los objetos inanimados, produce efectos asombrosos. Tu habilidad y Poder para bendecir y prosperar aumentarán en la medida en que te adhieras firmemente a tu "Poderosa Presencia YO SOY".
- Cuando le das tu obediencia a la Vida, estás destinado, absolutamente, a darle obediencia a requerimientos externos y a bendecir a tus semejantes, porque la obediencia a la Vida implica armonía en tus sentimientos, armonía hacia tu prójimo y hacia las condiciones con las cuales te enfrentas en el mundo exterior. Todo suena tan simple, ¿no es cierto? Pero es en

la simplicidad y en la libertad de toda ostentación, que los Grandes Poderes de Dios fluyen para bendecir a la humanidad.

-

CASA DEL TESORO

- La "Magna Presencia YO SOY" es tu Casa del Tesoro; si aceptas esto plenamente e invocas a tu Presencia, no pienses en nada más. Ante las necesidades económicas, mantente firme como un poderoso foco. No importa que no tengas un centavo en los bolsillos; ponte de pie ante la "Poderosa Presencia", y dile firmemente a esa limitación humana: "Tú no me atemorizas más. ¡Has llegado a tu fin! 'Magna Presencia YO SOY', asume el mando y el comando de mi mente, mi cuerpo y mi mundo emocional; descarga desde Tu Fuente Ilimitada, nuestra Casa del Tesoro, toda la provisión que requiero. Es mi derecho primigenio".

-
-
-

- Luego, continuarás con una actividad firme y determinada, descargando dicha energía, y entonces notarás, rápidamente, que todas las limitaciones desaparecen ante ti. Puedes hacerlo, y Yo te ayudaré.

Quiero que te liberes de estas apariencias. Si estuvieras buscando dinero en el mundo externo, no irías a un garaje, ¿verdad? Probablemente irías a un banco, donde el dinero está resguardado en cajas de ahorro; hoy en día es evidente que la gente ha dejado de esconder su dinero y de enterrarlo, olvidando a veces donde podía encontrarlo. Hoy, la Vida está produciendo para ti, y Ella es la Casa del Tesoro del Universo.

•

- Amigo, por favor, escúchame atentamente: estás buscando en el mundo externo y viendo a las personas, los lugares y condiciones como si fueran a darte la provisión que precisas, cuando la verdad es que la "Presencia de la Vida" es el único Suministrador que existe en este mundo. Sin duda alguna Ella utiliza canales; de hecho, la Vida gobierna todos los canales en la experiencia física; pero fíjate, cuando invocas a la Vida, la "Gran Presencia de la Vida" en ti quiere que ames a todos los que te rodean; quiere que tengas la provisión que necesitas, y quiere que entiendas cómo manifestarla y descargarla conscientemente.

•

- Manteniendo tus sentimientos armonizados y deteniendo toda calificación discordante en tus emociones, tú puedes manifestar esta Poderosa Energía, liberarte a ti mismo, para siempre, de toda limitación, e invocar, desde la Casa del Tesoro de esa "Presencia", todo el dinero y cualquier otra cosa que necesites usar, porque estás actuando de acuerdo con la Ley de la Vida, que es Armonía. No hay nada en este mundo que sea constructivo y que no puedas tener, si comprendes esta "Presencia", vives dentro de la Armonía de Su Ser, y le das, a través de tu forma física, la Obediencia requerida a las Leyes de la Vida.

CONCIENCIA DE PROSPERIDAD

- Date cuenta de la Sustancia y el Poder que siempre están fluyendo hacia ti, cada vez que seas consciente de una necesidad. La actividad de la Luz es conscientemente atraída sobre ti, y la Radiación que sale está alcanzando un punto de saturación, químicamente hablando; se derrama como el agua de un balde lleno. Entonces, se convierte en una fuente que siempre está derramando Luz, Iluminación, Sustancia y Poder, gobernados por la Sabiduría y envueltos en un Manto de Amor Divino. Por lo tanto, no hay ninguna inseguridad. Esto se volverá tan tangible y potente en su operación que, de ahí en adelante, estará listo para lanzarse como un Rayo de Luz, dondequiera que exista un llamado o demanda.

- Es bueno estar consciente de que no existen límites

para esta descarga. Tú llegas a un estado de conciencia en que este Poder se manifiesta para responder a la demanda, sin necesidad de hacer contacto con tu cuerpo físico. ¿Por qué? Porque la conciencia alcanza la altura de la Presencia Autosostenedora, donde está dirigida cada vez más por el Cuerpo Electrónico, el cual mantiene esta descarga en Paz y en calma. La única actividad que se requiere es fijar la atención sobre aquello que conscientemente hace falta

-
-
- Aparte de esto, debes estar consciente de que, desde las alturas de la Actividad Electrónica, el trabajo continúa constantemente y está siendo conscientemente dirigido por la Gran Presencia Maestra Interna. Esta es la preparación para un paso muy importante: que lo externo pueda volverse hacia el interior. Cuando hay suficiente calma, y una preparación tranquila, la Sabiduría fluye como una corriente suave, llevando consigo una Convicción y una Radiación que no sería posible lograr de otra manera.
- Hay quienes le ruegan y le piden a Dios, cuando todo alrededor de ellos es Opulencia Ilimitada, lista para derramarse en su medioambiente. Ellos no la reciben porque, debido a su ignorancia, no saben que esto requiere de una preparación consciente. Aquellos que no se disponen conscientemente, solo reciben una parte de lo que obtienen los que sí se han preparado en alguna

medida.

LA ELECCION DEPENDE DE TI

- Nadie en el Universo puede decirle algo a un individuo, si este elige mirar hacia abajo. Muy pocos estudiantes comprenden esta idea SO SOY" a la acción; reconocerlo. e alguien plenamente. Por lo tanto, Amado Amigo, la elección depende de ti. Nosotros te ofrecemos estas Verdades con mucho Amor y Gentileza; pero no te induciremos a hacer nada que no desees realizar. Por esta razón, te pedimos que escojas si quieres entrar en esto y expandir esta Gran Ley de la Vida, que sabemos, significa tu absoluta Libertad Financiera, o si prefieres continuar con tus ideas preconcebidas, viviendo continuamente en la limitación.
-
-
- Cuando entres en el Estado Ascendido, te divertirás al ver la aparente importancia que le dabas a estos problemas del plano físico o del mundo externo, pues todos son producidos por el "maya", que significa cambio constante. Recuerda que solo una cosa en el Universo es

permanente, real y Eterna: la "Presencia YO SOY", Dios en ti, que es el Dueño, el Creador y la Inteligencia que gobierna toda forma manifiesta. El saber que eres esa "Presencia YO SOY" te hace independiente, amado estudiante, de toda manifestación externa.

- Nosotros no te diremos lo que debes hacer, pero recuerda, somos Seres que Nos hemos liberado a Nosotros Mismos, realizando la misma práctica de la Ley. Por eso sabemos que produce resultados exactos, de acuerdo a la intensidad con la que es aplicada; pero Ella no se aplicará sola. Permíteme que te lo repita una vez más: Esta Ley no se aplica sola, y Dios no va a hacer nada por ti, a menos que realices el esfuerzo de invocar a la Presencia de la Vida, a Dios, al "Poderoso YO SOY", para que haga lo que tienes que hacer por ti mismo. Ahora solo depende de ti.

-

DINERO

- Si necesitas dinero, afirma: "YO SOY la Presencia Activa, trayendo este dinero a mis manos y uso instantáneamente". Es muy importante dejar de darle importancia al dinero. Este solo es un medio de intercambio. No le des poder. Dale todo el poder nuevamente a Dios. Entonces, cuando hagas un tratamiento, no importa lo que desees, tendrás instantáneamente todo el poder a la mano para traer tu decreto a la manifestación

- Tú ya no estás sujeto a las limitaciones. Amado, si necesitas dinero y el motivo es correcto, di: "¡Poderosa Presencia 'YO SOY'!, descarga para mí ahora, a través del Poder del Amor Divino, este dinero que requiero para mi uso". Luego, si es necesario utilizar canales, la Sabiduría de la "Presencia" seleccionará y dirigirá dichos canales para que cooperen en Orden Divino, a través del Poder del Amor, brindándote la asistencia que deseas. Pero no ocultes en tu corazón o en tu mundo de sentimientos, ninguna intención de engañar o pasar por encima de alguien. Si lo haces, serás el único que resulte embaucado. La Gran Ley de la Vida no permitirá que esto siga sucediendo entre los seres humanos; por lo tanto, actúa de acuerdo con el Poder del Universo, y nada podrá detener tu éxito.

- Lo más importante para lograr una demostración financiera es la decisión de no aceptar la idea de que el dinero o la ayuda no están presentes; no te permitas aceptarlo; solo se trata de una apariencia de escasez. Con la misma facilidad, puedes encontrar en tus bolsillos diez mil dólares o diez centavos; el problema no es cuánto puedas necesitar. Simplemente afirma: "¡Amada y Poderosa Presencia YO SOY!, ¡recibe esta petición, y trae esta casa (dinero o avión) a nuestras manos, con la abundancia de todo lo necesario para su mantenimiento!". Deja todo en manos de la Sabiduría de la "Presencia". Hasta el momento, la humanidad ha realizado las cosas del modo más difícil, porque se ha alejado y olvidado de la "Presencia YO SOY'.

DIOS EN LOS NEGOCIOS

• He visto cómo se intensifica la discordia en la gran mayoría de las personas del mundo de las finanzas, cuando se avergüenzan de reconocer a Dios en sus negocios. ¡Querido Amigo, sin Dios, sin tu Fuente de Vida, el "Poderoso YO SOY", ni siquiera estarías aquí! No podrías levantar la mano ni tener un pensamiento. Esa fuente de vida es todo lo que eres. A Mí no Me importa cuán importante o no puedas ser en los negocios, no seas tonto. Ese Poder de la Vida podría salir de tu cuerpo en este instante, dejándolo tan impotente como la más pobre criatura de la Tierra. No permitas que el orgullo y la vanidad te vuelvan egoísta y necio, tan solo porque has logrado reunir cierta cantidad de dinero.

• Ese Poder de la Luz que hace latir tu corazón es el mismo Poder e Inteligencia que hizo posible ese logro, y no la forma humana a través de la cual está actuando. Si esa forma obedeció la Ley y tuvo un deseo intenso, le dio a la Vida la oportunidad de concentrar la actividad y acumular ese dinero. ¡Lo cierto es que no fue la forma física la que lo hizo, no lo olvides! Amigo, estás tratando con la Vida; cuando entiendes cómo actúa, dónde se encuentra y qué es la Vida, y le brindas tu atención y adoración, la conviertes en lo más grande y poderoso del

Universo.

- ¿Te suena femenino que te pida que le des adoración a la Vida? Nosotros, que Nos hemos convertido en Seres Libres, un día vimos la necesidad de hacerlo, y cuando le dimos nuestra adoración a la Vida, tuvimos su pleno Poder fluyendo a través de Nuestros cuerpos, produciendo Su perfección en los mismos. Amigo, Yo tengo a Mi disposición todas las riquezas del mundo, pero ¿crees que eso posee algún valor? Lo más valioso que tengo es Mi habilidad para controlar Mi mundo de sentimientos y mantenerlo en Armonía, dándole así una poderosa y real actividad de Vida que fluye en toda Su Perfección.
-
-
-
- Quiero que entiendas que si tus negocios no van como tú lo deseas, puedes ir a la privacidad de tu oficina e invocar los Poderes de la "Magna Presencia YO SOY" a la acción; y no digas "Dios". No es necesario que hagas esto frente a tus empleados, si te sientes algo tímido para reconocerlo. Si puedes dejar de lado ese tonto orgullo humano, ponte de pie, levanta las manos para sentir mejor a la "Presencia", y di: "Poderosa Presencia YO SOY, silencia esto para siempre. ¡Pon mi mente y mi ser bajo tus órdenes! ¡Produce Tu Perfección! ¡Manten Tu Dominio y vierte Tu Poderosa Radiación en mi mundo, mis

actividades y mi negocio! ¡Encárgate de todo y haz que sea Tu Exito!". Verás cuán rápidamente florece tu negocio, la armonía reina y eres bendecido con felicidad a tu alrededor, por siempre. Es así como están destinados a ser conducidos los negocios en el futuro.

- ¿Por qué se le ha hecho creer al ser humano que debe pelear por todo? Las fuerzas siniestras y destructivas de la creación humana fueron las que introdujeron dentro de los seres humanos, las ideas y sentimientos de que ellos pelearan entre sí y finalmente se destruyeran; ese es el porqué. Pero hoy en día, esto está siendo disuelto rápidamente gracias a la "Gran Presencia de Vida".

-

- Nosotros estamos tratando con la Realidad en todo, Amigos. No nos preocupa en lo más mínimo lo que opinen los seres humanos o la cantidad de dinero que puedan poseer. La Realidad de la Vida es lo único que Nos concierne, y su mayor actividad es lo que le ofrecemos a la humanidad. Todos los que le presten atención a la "Presencia" en primer lugar, y la dirijan hacia Nosotros, recibirán de regreso, de parte de uno o de muchos de Nosotros, los Poderosos Rayos de Luz que los envolverán y los mantendrán en el Gran Equilibrio de la Vida, hasta que su invocación produzca una Perfección que ni siquiera imaginan.

- Llegará el día en que las personas que trabajan en el mundo de los negocios introducirán a Dios, la "Poderosa Presencia YO SOY", en sus actividades; se pondrán de pie firmemente, y mirando directamente a los ojos de sus socios, les dirán: "¡Yo Soy un estudiante del 'YO SOY'! ¡Yo reconozco Mi fuente: Dios, el 'Poderoso YO SOY', como Mi Inteligencia Regente, Mi Poder de Actuar, Mi Libertad de los errores humanos!". De este modo, el ser humano descubrirá una actividad económica que expandirá su Radiación a todas partes.

-
- En cada contacto con el mundo exterior de los negocios, y cada vez que haya una condición negativa que aparente tocar tu mundo, instantáneamente toma esta determinación: "YO SOY la Precipitación y la Presencia Visible de cualquier cosa que yo desee, y no hay ser humano ni cosa que pueda interferir en ello".
- ¿Puedo hacerte una sugerencia? No exteriorices solamente la Perfecta Actividad de tu mundo; ocupa también tu atención en una actividad definida, cargando los poderes de la "Presencia Yo Soy" en tu actividad comercial, para lograr el éxito. Tus negocios son importantes; tu actividad externa es importante como un vehículo, un canal a través del cual puedes verter los Poderes de tu "Presencia" dentro de la actividad humana.
- En ocasiones, por ideas preconcebidas o por escuchar chismes tontos o algo así, hay quienes piensan que esto es algo, diríamos, "traído por los cabellos". Sin embargo, debes saber que no lo es. Tú sabes que la "Presencia" es la fuente de Vida, Inteligencia y Actividad. Sin no fuera por Ella, ningún ser humano tendría Libertad

o Inteligencia para actuar. Ninguno tendría el poder de lograr nada.

•

ÉXITO ASEGURADO EN CUALQUIER NEGOCIO

- Antes de iniciar cualquier negocio, quédate a solas contigo mismo. Invoca a la "Presencia" para que te cargue, primeramente, con Su Felicidad y Armonía. Luego decreta: "Poderosa Presencia 'YO SOY', manifiéstate ante mí con tu Poderosa Radiación, y armoniza a las personas, el lugar y la condición que yo no necesite contactar". Entonces, encontrarás el camino preparado; tu éxito estará asegurado porque los Poderes de tu "Presencia" se habrán manifestado, ¡y la "Presencia" de los demás y tu "Presencia" son UNA!

- Todas las "Presencias de Dios" individualizadas, que hacen latir cada corazón humano, quieren Perfección. Por lo tanto, si estás armónico y viertes suficiente amor y armonía hacia el individuo o grupo que estás contactando, ellos lo sentirán y les encantará ayudarte: eso significa Exito. Si te diriges hacia una persona o grupo sintiendo, dentro de ti, gran antagonismo, ellos lo sentirán y nada en el mundo podrá evitarlo. Es por este motivo que la humanidad no ha logrado el éxito. Los seres humanos no han entendido las Leyes de su ser. Cuando sientes discordia, discrepancia, esa radiación se manifiesta ante ti, produce la misma condición en el otro individuo, y de ese modo fracasas.

-
- Puedes ponerte de pie (porque eso te hace sentir la autoridad), invocar a tu "Gran Presencia YO SOY" y dirigirla hacia el ámbito de tus negocios. Ordénale que consuma todo lo que no sea igual a Sí Misma y que lo reemplace con la Perfección de Dios que "YO SOY". Ordénale que se sostenga a Sí Misma, que manifieste su Autoridad Incesante, que limpie tu mundo de toda cosa discordante, y termina decretando: "YO SOY la Suprema Autoridad, Dios en Acción".
- Hoy te ofrezco esta oportunidad y Mi Mano para ayudarte en tus negocios y en todo aquello constructivo hacia lo cual dirijas tu atención. Muchas veces, en el pasado, hemos ayudado a diversos caballeros que estaban a punto de declarar la bancarrota en sus empresas; les dijimos y les enseñamos que lo que los estaba destruyendo era la desarmonía que se había asentado en su interior. Cuando ellos entendieron este proceso y lo revirtieron, emanando amor y bendiciones hacia sus empleados, obtuvieron un éxito mayor al que nunca antes habían logrado. Esto es lo que todos pueden lograr también.

EXTERIORIZAR LA "PRESENCIA"

- Si las mujeres y los hombres de negocios vienen a estudiar a los Grupos de la Enseñanza Espiritual para poner de manifiesto los Poderes de la "Presencia" y cargar Su Actividad y Exito dentro del mundo comercial, Yo te aseguro que ¡podrán lograr maravillas exteriorizando esta "Presencia YO SOY"!
-
- ¡Carga tus negocios con estos Poderes! Piensa que, si tienes cien empleados o quinientos, posees entonces quinientas veces tu propio esfuerzo cargado dentro de tus negocios, para alcanzar el éxito. ¿Te das cuenta de que si un grupo de personas del mundo de los negocios se mantiene energizando los Poderes de la "Presencia" en acción para lograr el éxito, es imposible que falle en cualquier asunto sobre el que dirija su atención en la actividad comercial externa? Por supuesto, los motivos deben mantenerse todos en el bien, ya que, si existe una motivación errónea, si un sentimiento indebido está actuando, el mismo recubrirá la energía que se manifieste.

- Recuerda que toda la Inteligencia que puedes usar y que alguna vez se ha expresado a través de cualquier ser humano sobre la Tierra, viene de esa "Presencia". Algunas veces te inclinas a pensar que tomas ideas del exterior, y lo haces; pero piensa en lo que estás realizando: estás recogiendo ideas de otros seres humanos; algunas son buenas, y otras no. Ahora bien, con la comprensión que actualmente tienes de esta "Gran Presencia", ¿por qué no diriges tu atención hacia Ella cada noche, antes de dormir, y le pides que te dé las Ideas Perfectas para conducirte a ti mismo y para dirigir tus negocios? ¿No ves que, de este modo, manifestarías los Infinitos Poderes de la Luz, la Fuerza, la Valentía y la Inteligencia, para que gobiernen la actividad del mundo que te rodea, y de este modo podrías conseguir el éxito en cualquier asunto que escogieras lograr? Nada podría interponerse ante ti, en esta actividad.
-
- Igualmente, mientras tus negocios se mantienen estables y exitosos, puedes invocar a la "Presencia" para que te provea de alguien que se haga cargo de los mismos. Te encontrarás con los recursos y el tiempo necesarios para hacer que la Inteligencia Directriz salga y se divulgue bastante entre otros, que en su corazón quieren conocer esta Gran Luz.

MOTIVOS DE FRACASO EN UN NEGOCIO

- El fracaso de una persona en un negocio, siempre se debe a su actitud mental y a sus sentimientos inarmónicos. Si cada individuo, al encontrarse en circunstancias semejantes, mantuviera firmemente la consciencia de que solo existe DIOS EN ACCIÓN, lograría el más perfecto éxito. Dado que todos tenemos libre albedrío, aquel que no controle su mundo sensorial terminará destrozándolo todo, tanto lo propio como lo ajeno. Este será el resultado de la Gran Ley, a menos que el individuo corrija sus pensamientos y sentimientos, y los mantenga así.
- Yo quiero que los estudiantes entiendan lo siguiente: ante la caída de tronos y gobiernos, la pérdida de fortunas individuales, necesitan saber y comprender que sus riquezas se han evaporado a causa de la ignorancia y la incomprensión. La "Presencia YO SOY" en ellos, Dios en Acción, es el restaurador seguro de la fe, la confianza, la riqueza o cualquier otra cosa sobre la que ellos quieran enfocar su atención conscientemente; al hacer esto, permiten que esta energía interior fluya a través de sus deseos, y este es el Unico Poder por medio del cual se

puede lograr algo.

- Muchas veces, el esfuerzo realizado en algunos negocios, no puede impedir la ruina de los mismos, porque hay, en la conciencia de los actuantes, un juicio y una condenación ocultos, un sentimiento de odio disimulado hacia otro. Recuerda que debes mantener alrededor de ti y de tus actividades comerciales, de forma definida, la Invencible Protección de la "Presencia", todos los días. No la pierdas.

-

- ¿Por qué supones que la riqueza se ha acumulado en ciertos canales? Porque no había suficientes seres humanos que se armonizaran y que estuvieran de acuerdo para permitir que se lograran determinados avances que eran necesarios en el mundo exterior. Por eso, a un individuo se le dio suficiente riqueza para llevar a cabo y cumplir estos planes sin interferencias. Se pueden juzgar los resultados al ver las carreteras, redes ferroviarias, aviones y demás medios que permiten que la transportación sea rápida. Observa la diferencia entre los caballos, los carruajes y el avión actual. Si ese cambio se logró tan solo en cuarenta años, entonces piensa ¡qué sucedería si tu "Presencia de Dios" fuese invocada a la acción!

-

OFERTA Y DEMANDA

- Rara vez alguien ha logrado comprender la oferta y la demanda. Ciertamente, existe una oferta abundante y omnipresente, pero la demanda tiene que ser establecida antes de que la Ley del Universo le permita expresarse para que el individuo la aproveche. Como el ser humano tiene libre albedrío, debe realizar la petición o la demanda conscientemente y con plena determinación; al hacerlo así, verá cómo no puede dejar de expresarse lo que sea que pida, siempre y cuando mantenga una resolución firme, sin debilidades.

- La siguiente afirmación es sencilla, pero usada con sincera determinación, le traerá al individuo todo lo que él pueda llegar a desear: "YO SOY la Gran Opulencia de Dios hecha visible en mi uso ahora y continuamente". Mantón siempre las riendas del Poder dentro de ti. La gente teme abrazar el Gran Poder de Dios y dejarlo obrar, pero ¿qué puede haber en Dios que te dé temor? Tienes que reclamar o apropiarte de lo que deseas.

- Muchos estudiantes sienten una sensación de limitación; por ejemplo, ellos comienzan declarando la Verdad, cuando usan la afirmación referida, pero antes de que hayan pasado muchas horas, si se analizan conscientemente, encuentran que, en sus sentimientos, hay rastros de duda o temor. Naturalmente, estos dos sentimientos neutralizan, en gran medida, la fuerza constructiva que manifestaría rápidamente el deseo o la petición.

- Una vez que el estudiante pueda darse cuenta de que todo buen deseo es Dios en Acción, impulsando Su energía hacia la plena realización, y que esa energía es autososteni- da, comprenderá el Amor, la Inteligencia y el Poder Infinito que posee, con los cuales podrá lograr cualquier propósito. Con esta sencilla comprensión, la palabra "fracaso" será borrada completamente de su mundo y, en poco tiempo, de su conciencia, pues verá que está manejando una Inteligencia y un Poder que no pueden fracasar. Entonces, estudiantes e individuos alcanzarán su Pleno Dominio de acuerdo con la Voluntad de Dios.

-

- Jamás ha sido el propósito de nuestro Gran Padre, Todo Amor y Sabiduría, que a alguno de sus hijos le falte nada. Esto ocurre porque ellos permiten que su atención se fije en la apariencia exterior, la cual es como las cambiantes arenas del desierto, de modo tal que, consciente o inconscientemente, se separan de la Gran Inteligencia y Opulencia de Dios. Esta Gran Opulencia es la herencia de la cual todo el mundo puede disponer, siempre que se dirija nuevamente hacia el "YO SOY" -el Principio Divino eternamente activo dentro de uno mismo- como la Única Fuente de Vida, Actividad, Inteligencia y Opulencia. Cuando logras comprender que tu pensamiento, sentimiento y expresión del "YO SOY" ponen en acción el ilimitado Poder de Dios, recibes lo que deseas.

ORO PERDIDO

- En ciertos Retiros, existen habitaciones que contienen únicamente oro y joyas, que serán utilizados para propósitos especiales que bendecirán al mundo entero, cuando la humanidad haya dominado su incontenible egoísmo. Cuando vimos que el oro español, perdido en el mar, no sería rescatado por otros medios, lo trajimos a estos Retiros haciendo uso de actividades y fuerzas que Nosotros gobernamos. Más adelante, en un futuro que se aproxima rápidamente, será puesto nuevamente a disposición, para ser utilizado en el mundo exterior.
- Dentro de cilindros que se encuentran en estas habitaciones, hay oro de los continentes perdidos de Mu y de Atlán- tida, de las antiguas civilizaciones del Desierto de Gobi, del Sahara, de Egipto, Caldea, Babilonia, Grecia, Roma y muchas otras. Si todo este oro fuera puesto en circulación en la actividad exterior del mundo, obligaría a un imprevisto reajuste de todas las facetas de la experiencia humana. En estos momentos no sería sensato hacerlo. El Poder y la Infinita Sabiduría de los Grandes Maestros Cósmicos que han sido los Guardianes de la Raza desde que esta apareció por primera vez en la Tierra,

es superior a la comprensión de la mente humana.

•
•

PROPÓSITO DE LA EXISTENCIA DEL ORO

• El oro fue el medio de intercambio económico en todas las Edades Doradas, porque su emanación natural es una energía purificadora, equilibradora y vitalizadora. El oro es colocado en la Tierra por los Señores de la Creación, esos Grandes Seres de Luz y Amor que crean y dirigen planetas, sistemas de mundos y la expansión de la Luz en los seres que los habitan.

• La mente exterior o intelecto humano tiene muy poca comprensión acerca del verdadero propósito de la existencia del oro en este planeta. El oro crece dentro de la Tierra como una planta, y, gracias al mismo, hay un constante flujo de corrientes de energía purificadora, vitalizadora y equilibradora que beneficia el suelo sobre el cual caminamos, el crecimiento de la naturaleza y la atmósfera que respiramos.

• El oro es colocado en este planeta para una variedad de aplicaciones; dos de sus usos más triviales e insignificantes son: como patrón de trueque y para la elaboración de joyas. Su mayor actividad y propósito en la Tierra es descargar su energía y su cualidad inherente que purifica, vitaliza y equilibra la estructura atómica del mundo.

-
- La ciencia actual no sospecha aún esta actividad. Sin embargo, el oro desempeña en nuestro planeta la misma función que los radiadores de calor en los hogares de países fríos. El oro es uno de los medios más importantes para suministrarle energía solar al interior de la Tierra y, de esa manera, balancear actividades. Como portador de esta energía, es un transformador que transmite fuerza solar a la substancia física de nuestro mundo, como también a la vida que evoluciona en él. La energía contenida en el oro es, en realidad, la fuerza electrónica radiante del sol actuando en una octava inferior. A veces se dice que el oro es UN RAYO DE SOL PRECIPITADO.
-
-
- Como la energía del oro es de una alta frecuencia vibratoria, solo puede actuar sobre las expresiones más sutiles de vida, a través de la absorción. En todas las Edades Doradas, este metal llegó a ser usado en forma común por la masa de la humanidad, y cada vez que esto sucede, el desarrollo espiritual de la gente alcanza un muy alto grado.
- En estas mencionadas Edades, el oro no es jamás acumulado, sino simplemente distribuido a la masa que,

absorbiendo su energía purificadora, es elevada a una mayor perfección. Este es el correcto uso del oro; y cuando esta Ley es conscientemente comprendida y obedecida, el individuo puede sustraer la cantidad de energía purificadora que él desee para su uso, por medio de esa Ley.

- Debido a los depósitos de oro existentes en todas las cadenas de montañas, se encuentra allí salud y vigor, cosa que no puede hallarse en ninguna otra parte de la superficie de la Tierra. Nunca se ha sabido de efectos perjudiciales ocurridos en aquellos que constantemente manejan el oro puro. En su estado puro, el oro es blando y se gasta fácilmente, y por esa cualidad, precisamente, es que se cumple el propósito que acabo de mencionar.

- Hubo pueblos avanzados que producían mucho oro por precipitación directa desde lo Universal. Las cúpulas de muchos edificios eran cubiertas con láminas de oro puro, y el interior era decorado con brillantes y joyas, en curiosos aunque maravillosos diseños. Estas joyas también eran precipitadas directamente de la substancia única eternal.

- Sin embargo, hubo una parte de la gente que se interesó más en los placeres temporales de los sentidos que en el gran plan creador del Dios Interior. Esto hizo que se perdiera la conciencia del Poder Divino en toda aquella tierra.

-

¿ESCOJE LO QUÉ QUIERES TENER?

- Si lo desea, cada uno puede experimentar la Plenitud de la Actividad de Dios, en su vida y en su mundo. Simplemente se trata de que escoja lo que quiere tener. Si quieres Paz y Armonía, se consciente de esto: "YO SOY el Poder que produce Paz y Armonía". Si deseas la solución de tus asuntos, consciencia lo siguiente: "YO SOY la Inteligencia y el Poder que soluciona mis asuntos, y ninguna otra actividad exterior puede impedirlo". Cuando afirmas la Verdad y te aferras a Ella, debes manifestarla. Lo externo no tiene ningún poder por sí mismo. Tu deber es, simplemente, saber que la "Presencia YO SOY" está actuando. Algunas veces, sin darse cuenta de ello, el yo externo está esperando el momento de la manifestación.

-
- Si deseas algo que necesitas para la actividad externa, este deseo es la "Presencia YO SOY" produciéndolo a través de tu demanda consciente, que no tiene nada que ver con lo que se llama "deseo humano". Hacer una demanda es impulsar la petición para que se manifieste. Si aparentemente falta algo, Dios en ti es el creador y el proveedor de todo. Dale instantáneamente la

orden a ese Dios para que suministre abundantemente, ahora mismo.

-

RIQUEZAS

• Nadie en este mundo ha acumulado una gran cantidad de riquezas sin la asistencia y la radiación de algún Maestro Ascendido. Hay ocasiones en que ciertos individuos son usados como focos de grandes fortunas para propósitos específicos y, en esos casos, les son irradiados grandes poderes, pues así también reciben gran asistencia personal. Semejante experiencia constituye una prueba para ellos, y también la oportunidad de expandir su propia Luz. Todo logro extraordinario que ocurre en la actividad humana, no importa por cuál canal pueda venir, siempre es alcanzado por medio de la asistencia del Amor, la Sabiduría y el Poder sobrehumano de un Maestro Ascendido. Este ha trascendido toda limitación del mundo físico, y los maravillosos éxitos se deben a Su Gran Poder de Radiación.

• Los Maestros Ascendidos han establecido una Escuela en los Planos Internos, con el especial propósito de instruir a aquellos que han mal utilizado las riquezas y constatado plenamente los resultados de sus errores. A estos se les dan lecciones sobre la Ley Universal que gobierna toda riqueza, y sobre las consecuencias que acarrea el influenciar a otros para perpetuar sus ideas erradas. Se les da total libertad de aceptar o rechazar las pruebas ofrecidas. Siempre aceptan y permanecen fieles a las instrucciones que reciben.

-
- Ahora sabes y comprendes que el Gran Ser Divino es el único dueño y controlador de toda riqueza. La Presencia coloca guardianes para que protejan sus tesoros —sean estos de Luz, de Sabiduría, de Substancia o fortunas físicas- en todos los planos de Vida.
-
- Has recibido pruebas de que somos Nosotros quienes gobernamos realmente las riquezas del mundo, y las usamos, únicamente, como una prueba del alma y de la fuerza del individuo. Siempre es una prueba de confianza que le entregamos solo a aquellos que deben poseer la fuerza suficiente para usarla constructivamente. Pero muy pocos salen victoriosos de la prueba, bajo la tentación que existe hoy en el mundo.
- Si Nosotros queremos, podemos elevar al más humilde de los hijos de Dios para que tenga la suficiente preparación, prominencia, riqueza y poder, si de esa forma se le puede dar ayuda a muchos otros.
-

RIQUEZA ACUMULADA

- Alguien puede usar, consciente o inconscientemente, esta "Presencia YO SOY" o esta Energía Divina, para acumular, por medio de la actividad exterior, millones de dólares, pero, ¿qué seguridad existe de que los conservará? Yo te aseguro que es imposible que un ser en el mundo físico conserve la riqueza que ha acumulado, si él no tiene en cuenta que Dios es el Poder que la produce y la mantiene. ¿Me pueden mencionar a alguien que se haya llevado algo consigo al morir? Hasta hay que vestirlos, una vez que dejan sus cuerpos. ¿Qué es lo que se llevan? Ellos piensan que están muertos, pero aún se hallan lejos de estarlo. Se deshacen de los cuerpos que ya no les resultan útiles, pero están más vivos que antes.

- No te equivoques con esto, Amigo; no existe tal cosa como la muerte en el Universo, y Yo lo sé. Por ende, quiero que lo medites; y cuando tengas la oportunidad, plantéaselo amablemente a quienes te rodean. Hazles esta pregunta: "¿Qué es lo que trajiste contigo y qué te vas a llevar?". Cada uno es el custodio de lo que está en sus manos, eso es legítimo y verdadero; pero no permitas que ningún ser humano se vuelva arrogante como resultado de lo que tiene.

- Estas son las Leyes Todopoderosas que están llegando y encontrando alojamiento en la conciencia y actividad de los seres humanos, y la Vida se asegurará de que ellos las acepten. La Vida está entrando en Su Dominio, y tú lo verás. ¿Sabes lo que esto significa, Amigo? Significa Felicidad, Libertad, Bendición, Salud, Fuerza y Armonía en el mundo de las personas, en la industria, en el mundo de los negocios; entonces, ni una sola persona sentirá deseos de destruir a otro.

-

SUMINISTRO PARA LOS ESTUDIANTES

- Yo te aseguro que tú tienes el poder de proveerte y liberarte a ti mismo. El poder para liberarte se encuentra en estas Palabras que están dirigidas a ti y a todos hoy, y en las Corrientes de Energía que he derramado sobre ti. Quiero que te des cuenta de que todo lo que el ser humano exterior es capaz de recibir es traído a la acción para tu Libertad, para el sostenimiento de tu Poderosa Protección y Suministro.

- Estamos determinados a que ni un solo estudiante de la Enseñanza Espiritual en el mundo carezca de la provisión que necesita para realizar su servicio. Si continúas con tus decretos para lograr este objetivo, verás su manifestación diariamente. No hay dudas acerca de ello. Permite que estas Corrientes realicen su perfecto trabajo y acepta Su plenitud, cargándote de Energía y anclando, en tu mundo de sentimientos, la Fuerza, la Valentía y la Felicidad para todo lo que requieres.

- Las invocaciones del grupo y el creciente número de personas que están llegando a este Entendimiento proveerán todo aquello que sea necesario para la Victoria de esta Luz. Vive de acuerdo a esto y no aceptes ninguna otra cosa. ¡Cuando cualquier cosa contraria a esto aparezca y llame tu atención, aniquílala por medio del Poder de los Rayos de Luz, y dile: "Tú no tienes poder!". Si sientes una gran presión o limitación financiera, dile a esa cosa: "¡Tú eres una mentira! ¡No eres real! Por lo tanto, ¡no tienes poder! ¡Poderosa Presencia YO SOY, carga y llena mi mundo con la ilimitada provisión de dinero de Tu Tesorería, y rehúso aceptar cualquier otra cosa!".

- Amigo, al adoptar una postura firme, encontrarás que todo, en el mundo exterior, le dará paso a la descarga del dinero que necesitas. Te aseguro que esta apariencia tendrá que desaparecer; no afectará más a los estudiantes. La Vida le ofrece y entrega todo lo que tiene al individuo respetable que le da toda su atención a Ella; por lo tanto, dime, ¿acaso hay alguna condición en el mundo exterior que pueda afectarte o privarte de todo lo que necesitas en tu Servicio a la Luz?

-

- La gran Ley ha considerado conveniente proveer el enorme suministro financiero que ha hecho posible que otras partes del mundo accedan a este trabajo. He estado observando esto cuidadosamente, y ha sido algo maravilloso. Quiero hacerles ver a aquellos que no cuentan con el suministro económico necesario, que Mis Estudiantes se encontraron en la misma posición cuando les pedí que continuaran. Tan solo con un ligero movimiento de Mi mano Yo podría haber descargado todo el dinero que ellos hubiesen requerido, pero, ¿lo hice? No.

- Yo sabía que era mucho mejor darles dos brazos y dos piernas. Yo conocía la Ley. Si Ellos no procedían a aplicar la Ley en ese momento, entonces no obtendrían Victoria alguna en esta encarnación. Pero no Me desilusionaron. ¡Amigo, piensa en ello! Gracias a que obedecen con tanta alegría y voluntad Mis más pequeños requerimientos, Ellos se manifiestan como lo hacen. Esta es la Verdad; no la olvides. Te lo estoy diciendo hoy porque quiero que te lleves este pensamiento contigo, y que no vuelvas a admitir nunca más que tienes limitaciones.

- Estos estudiantes dijeron: "Poderosa Presencia YO SOY, esta es Tu Obra, es Tu Negocio. Tú tienes todo el Poder para abastecernos. Y si Tú no lo haces, nos iremos a casa", y realmente lo decían en serio. La "Presencia de la Vida", viendo Su determinación y espontánea obediencia, respondió y, desde ese momento, Ellos han seguido adelante siempre, y hoy gozan de Libertad en todo sentido.

-

- Me estoy refiriendo a esto una vez más, por una razón definida. No existe un solo estudiante que no tenga la misma cantidad de dinero que Ellos tenían en aquel entonces, pero, ¿esperaron Ellos a que el dinero les llegara a las manos para comprobar esta Ley? ¡No! Ellos se dedicaron a aplicarla y se convencieron, gracias al Poder de Su Aplicación, que es invencible. Igual vas a hacerlo tú.

-
- Cuando les pedí a Mis Estudiantes que salieran a la luz pública y se encargaran de este Trabajo, no les ofrecí ni un céntimo. ¡Ellos no Me preguntaron cómo iban a hacerlo, nunca pronunciaron una palabra al respecto, sino que siguieron adelante! Yo podría haber hecho que recibieran diez millones de dólares en efectivo, pero eso no habría sido de ningún beneficio para Ellos; les habría permitido seguir adelante, pero su Aplicación de la Ley ante las necesidades aparentes fue lo que les dio la Libertad. Y la Aplicación de la Ley es lo único que te dará la Libertad a ti.
- Puede que tengas diez mil millones de dólares, pero si ese es tu Dios, en vez de la Vida, nunca sabrás lo que es la Felicidad, la Paz y la Libertad. Amigo, puedo tomar a aquellos que aparentemente están en peores condiciones financieras y, si Me obedecen perfectamente, darles en cinco años un éxito como el que jamás han visto. Esa es la Aplicación de la Vida, pero es solo un fragmento

Capítulo 2
FINANZAS

- Ten cuidado constantemente, en tu contacto con el mundo exterior, para que no aceptes, por ignorancia, las apariencias o el temor de aquellos que se llaman financistas. Dios gobierna tu mundo, tu hogar, tus negocios, y eso es todo lo que te concierne. No creas jamás que estás permitiendo que tu imaginación se desborde, porque sientes la cercanía de la Gran Presencia Individualizada. Regocíjate, cree en esa Gran Presencia que mantiene en ti todo lo que puedas desear o usar. Tú no dependes de cosas externas.

- Aunque todo se acabara, tú siempre estarías provisto gracias a tu feliz ingreso a este Magno Poder y Presencia que lo contiene todo. Ahora mira: todos aquellos que hoy en día son grandes hombres del mundo de las finanzas, casi sin excepción, fueron prácticamente huérfanos. Ellos fueron tirados al mundo, como quien dice, para convertirse en repartidores de periódicos; casi desde la niñez tuvieron que valerse por sí mismos, y a causa de la privación que experimentaron desde su infancia, generaron esa gran determinación que obligó a la Vida a rodearlos con opulencia. Cualquier resolución que sea sostenida firme e inquebrantablemente, producirá exactamente el mismo efecto, porque este es el poder de la Vida actuando.

EMPLEOS

- No te desalientes o angusties ante las condiciones actuales, porque tú estás dentro del Poder de esta Actividad creciente, constructiva e invocada del "YO SOY", para colocar a cada ser humano en su propio y correcto sendero de servicio. Si suficiente cantidad de personas hacen su Invocación a la Vida, esta traerá condiciones que pondrán a cada uno en su propio y correcto sendero. La misma conducirá al mundo de la industria al Orden y la Justicia Divinos, y acabará con la condición que ha privado a la gente de sus propios servicios y empleos, con los cuales podrían ser independientes, autosuficientes, y tener confianza en sí mismos.

- Recuerda que no hay nada en el mundo que le dé más confianza a la humanidad que el tener la posibilidad de ganarse la vida por sus propios medios. Cada ser humano en esta Tierra debería ser capaz de prestar el servicio que le traería, como consecuencia, toda la abundancia que necesita para su sustento: techo, ropa y el transporte que lo lleve a donde él desee ir, pues la Vida es la proveedora.

- Pronto, todos los que se encuentren en el ámbito de la industria invocarán el Orden y la Justicia Divina; la actividad y el servicio perfecto harán de ellos una sola acción armoniosa. Como consecuencia, el desempleo será algo desconocido. Esto solo podrá suceder en la medida en que desarrollen la comprensión de la "Presencia", el "Poder de la Vida", y la habilidad para manifestarla.

- Recuerda que personas, lugares, condiciones o puestos -y Me refiero a puestos de trabajo— no tienen nada que ver con tu provisión. Tú has estado inclinado a creer que debías tener un puesto determinado; pero tu "Presencia de la Vida", como la Poderosa Inteligencia Orientadora, te ubicará en la actividad que te corresponde, y no hay nada que pueda decirle "no" al Poder Director de tu "Presencia". Por favor, siente que Ella es la Autoridad, y no importa las condiciones externas que la humanidad esté manifestando, las mismas no tienen autoridad sobre tu mundo o sobre ti. No lo olvides.

-

EN LA OFICINA

• Si quieres tener éxito, ve a tu oficina y vierte, derrama todo el amor y las bendiciones de la Vida sobre tus empleados. Verás cómo ellos te corresponderán con ese mismo amor y bendiciones a ti y a tu negocio. Llega a tu despacho en la mañana, antes que los demás, y cárgalo con Paz y Actividad Divina; cárgalo con el Amor, la Sabiduría y el Poder para que unja a todos tus empleados, produzca Su Armoniosa Actividad y mantenga Su Dominio allí. Luego, pon de manifiesto el Poder de la Justicia Divina en y a través de ti mismo y de tu gente; de ese modo, tendrán una Actividad tan Magnífica como la que el mundo siempre ha solicitado pero nunca ha conocido, excepto en ciertas circunstancias.

• Yo les aseguro a los empleados que el servicio por el cual ellos reciben dinero es tan solo una parte de su servicio. Ellos le están dando la Vida a ese servicio, y, dado que esa es la fuente de su oportunidad para servir, deben bendecir a su empleador con todo el Poder del Amor Divino y con todas las Bendiciones que puedan invocar desde su "Presencia de Vida". Haciendo esto, se mantendrán en una actividad en expansión, y el Orden y la Justicia Divinos reinarán en su seno.

-
-
- Todos los que lleguen a conocer y a entender el Poder que hace latir sus corazones —el Poder Infinito que puede extender Su Poderosa Radiación dentro de la oficina y la actividad comercial, y hacer que sea un glorioso éxito de Orden y Justicia Divina- habrán entrado, entonces, en el verdadero negocio de la Vida. ¡Pero esto no sucederá hasta que alcancen esta comprensión!
-

LIBERTAD FINANCIERA

- Querido mío, no sería diferente si tuvieras diez millones de dólares; no es un problema de situación económica; es cuestión de darse cuenta de la propia energía física y de mantener la atención de la mente sobre las cosas constructivas; esta es la necesidad del momento. Solo hay una roca segura sobre la cual se puede construir la Libertad Financiera eterna, y es la de conocer y sentir, en todas las fibras del ser: "YO SOY la Sustancia y la Opulencia, ya perfeccionadas en mi mundo, de todas las cosas constructivas que yo pueda concebir o desear". Esta es la verdadera Libertad . Financiera. Este concepto te la traerá y no dejará que se te escape.

- Debes saber que "Dios en mí es el Guardián de mis tesoros. Yo sé que Dios produce, para mi uso visible, gran abundancia de dinero, tan rápido como lo necesito, que el mismo nunca se atrasa y que todas mis obligaciones aparentes son cubiertas a tiempo". Dile a tu Poderoso Maestro Interno: "Revélame aquello que pondrá en mis manos, rápidamente, las finanzas que son mías por Derecho Divino, y sostenme en ello, por medio de la Luz y el Amor Irresistibies y Eternos". Afirma también: "¡Amada Presencia YO SOY, abre tus Canales para mi Magno Suministro! ¡Ponlo en mis manos ahora, y sostenlo permanentemente!".

- Te pido, amigo, que no cedas ni por un segundo ante la sensación de sufrir limitaciones financieras y el temor a las mismas. Cualquier tipo de apariencia de limitación es una cualidad humana. Ahora que eres consciente de esto, estoy seguro de que estarás de acuerdo conmigo en que esto no es nada, pues no tiene Vida y, por eso, tampoco tiene Poder.

- Decreta frecuentemente: "La Presencia YO SOY gobierna todo canal existente en manifestación. Lo gobierna todo". "YO SOY las Riquezas de Dios fluyendo a mis manos y uso, y nada puede detenerlas". Amigo, no vuelvas a admitir, nunca más, que sufres limitaciones financieras. Yo quiero que descartes eso de tu mundo para siempre. A excepción de tus sentimientos divididos, ¡no hay absolutamente nada en el mundo que pueda privarte del abastecimiento de dinero que requieres; nada puede hacerlo, por lo tanto te digo, descarta esa posibilidad! Tengo Fe en ti. ¡Yo sé que puedes hacerlo! Vas a hacer esto y mucho más, y te daré Mi ayuda y asistencia. Si algún día comienzas a decaer, aunque sea un poco, habrá un aguijón en tus costillas que te hará seguir adelante.

- Amigo, si tienes tanta determinación como Yo para alcanzar tu Libertad personal y financiera —ya que ese parece ser el monstruo más grande que anda por los alrededores —, recuerda: todo lo que tienes que decir es: "¡Fuera de aquí! ¡Tú no tienes poder!". Entonces, esa aterradora apariencia se disolverá y desaparecerá.

-

- Querido amigo, ¿tratarás de entender este único punto? Cuando pronuncias las palabras "tú no tienes poder" y las diriges hacia cualquier apariencia de limitación, estás enviando las Corrientes de Luz y Energía directamente hacia eso, es decir, hacia la causa que te mantiene limitado financieramente. ¿Te das cuenta de esto? No importa cuántas palabras pronuncies, sino que sean esas palabras que constituyen la Corriente de Energía dirigida hacia la causa de tus problemas, sean estos sentimentales o condiciones acumuladas en el mundo exterior. No hay ninguna diferencia. Sea lo que sea, esa Corriente de Energía sale para disolverlos, y los disuelve en el mismo instante, siempre que no permitas que ese sentimiento regrese nuevamente; solo entonces serás libre.

- Poco saben las personas que sufren grandes necesidades, cuán fácil y rápidamente podrían obtener su Liberación Financiera, si solamente dirigieran su atención a la "Amada y Poderosa Presencia YO SOY", y la mantuvieran allí con determinación y tenacidad. La recompensa por tal esfuerzo sería enorme.

LIMITACIÓN FINANCIERA

- Una de las cosas más asombrosas que he atestiguado desde que estoy en el Estado Ascendido, es la idea distorsionada que existe acerca de la Libertad Financiera. ¿Por qué Me refiero a la actividad financiera? Bueno, Yo no soy propenso al materialismo, eso está claro; pero tú y Yo sabemos que la plena calma o tranquilidad no se logra —no es que no se pueda lograr por completo, pero usualmente la humanidad no la consigue— sin una cierta sensación de Libertad Financiera.

-
-
- Quiero cargar tu cuerpo y tu mundo de sentimientos con las Corrientes de Energía necesarias para ayudarte a que te liberes de esa sensación de que alguna cosa en el mundo externo te puede limitar. Por favor, ¡no vuelvas a aceptar esto nunca más! Te aseguro, amigo, que nada puede limitarte. No habrá circunstancias, en el mundo de la creación humana, que continúen limitándote, si decides apartarlas de tu camino. Todo el que practique

la afirmación: "YO SOY la Omnipresente e Ilimitada Opulencia del Padre para mi uso", aunque al principio no la comprenda plenamente, tarde o temprano podrá comprobar la Plena Verdad y el Poder contenidos en este tratamiento.

- Yo sé que, para las personas, el sustento reviste una importancia suprema; pero en la Tierra, el dinero es fugaz como las arenas movedizas, hasta que se aprende a practicar la actividad "YO SOY" conscientemente, y se observa que la Provisión es Ilimitada. Se trate de Provisión de dinero, de Amor, de Comprensión, de Luz o de Iluminación, recibe la convicción que te Estoy irradiando, para que la uses con una conciencia inquebrantable. Esto te liberará de la escasez monetaria.

- Sabiendo que la "Presencia YO SOY" —que en estos momentos estás poniendo en movimiento— es la misma en cada individuo, en la Tierra y en todo el Universo, y que Ella misma es la que te da el Poder y la Inteligencia para formular tus decretos, quiero que sepas que tu aplicación consciente está actuando de igual modo en todas partes, y no solamente en las circunstancias que te aquejan en determinado momento. Te ofrezco esto con una Radiación especial, para que lo puedas usar con toda confianza.

- Si estás decretando Libertad Financiera, Te suplico que quites la actividad externa de tu mente de la apariencia, y la pongas en tu "Poderosa Presencia YO SOY", el Único Dador de toda la Magna Opulencia que existe. Manten una firme determinación en esto, y obtendrás todo el dinero que deseas usar. La Vida no te limita; la Opulencia no te limita; el Amor no te limita; por lo tanto, ¿por qué dejar que los conceptos humanos se sigan limitando?
-

PÉRDIDAS FINANCIERAS

- Todo individuo que haya manifestado una aparente pérdida económica debe usar, inmediatamente, la maravillosa afirmación de Jesús: "YO SOY la Resurrección y la Vida de mi negocio (o de lo que sea pertinente)". Permíteme asegurarte, amado hijo de Dios, que jamás existió, en este mundo, una condición tan mala que estuviera más allá de la Eterna Fuerza y Valor de la "Activa Presencia YO SOY" para reconstruir de nuevo la independencia financiera.

- Tu único negocio es con el Maestro que está dentro de ti. Dile: "¡Amada Presencia YO SOY, distribuye esto de manera perfecta, a través de mí, con Sabiduría y Amor!". El Maestro Interno responde: "Cuando tú me invocas y no acudes a nadie más, Yo, el Cristo, la Amada Magna Presencia YO SOY, te muestro las riquezas escondidas en los Lugares Secretos".

- Tú observas continuamente ejemplos de grandes riquezas que se van en una noche. Miles de personas se han visto en esta situación en el pasado reciente. Si aún después de haber perdido sus fortunas, tomaran la siguiente decisión consciente: "YO SOY la Riqueza de Dios en Acción, ahora manifestada en mi vida y en mi mundo", la puerta se les abriría de inmediato y recuperarían nuevamente sus fortunas. ¿Por qué te digo "nuevamente"? Porque si eran ricos, habían construido un gran *moméntum* de confianza. Todos los requisitos para que continuaran disfrutando de su riqueza estaban al alcance de sus manos, pero en la mayoría de los casos, estos individuos le permitieron la entrada a una gran depresión, a menudo al odio y a la condenación, y todo esto le cierra la puerta al progreso.

- "Levántate y ve hacia el Padre" es una maravillosa afirmación, especialmente para los negocios. Tú no estás tratando con algo místico, sino con las Corrientes de Energía de tu propia Vida. Por lo tanto, amado estudiante, esto es práctico. No hay nada en el Universo tan práctico como la aplicación de tu propia Vida en los negocios o en el mundo actual.

Capítulo 3
PAZ

- La humanidad exclama hoy en día: "Yo quiero paz". Debemos remplazar este deseo por la expresión "Yo doy paz". Cada miembro de nuestra raza humana es un átomo en el cuerpo universal de Dios; el cuerpo es solo tan perfecto como lo es cada una de sus partes. La manifestación de la Paz será consumada a través de la raza humana, y no para la raza humana. Sostener la Paz es responsabilidad de cada individuo que conoce y tiene autoconciencia de los requerimientos del momento.

- El ser humano demuestra a cada momento lo que es más valioso para él, al aferrarse a ello: la paz o su voluntad personal, la paz o sus comodidades individuales, la paz o sus conceptos individuales. No hay nada que pueda instalar y sostener a la humanidad en la continua actividad de la Paz. La Paz no puede ser establecida en el mundo por medio del intelecto; ha de ser instaurada por el sentimiento y el discernimiento de un Poder y Presencia que es Dios en acción.

-

-
-

AQUIETAR LO EXTERNO

- Entrénate para aquietar lo externo, aunque sea durante cinco minutos, tres veces al día. Al final de cada relajación, con toda la calma de tu Ser, invoca a la "Poderosa Presencia YO SOY" a la acción, y obtendrás todas las pruebas del mundo que desees, acerca de la Presencia, el Poder y el Dominio de DIOS, tu "Poderosa Presencia YO SOY".

- Las personas naturalmente sensitivas, al trabajar en lo externo, donde no hay ruido o confusión alrededor de ellas, logran mucho aún sabiendo apenas lo que están haciendo. La frecuencia vibratoria del ruido golpea la atmósfera mental, creando desorden, y, a menos que la conciencia tome el control, causa una pérdida en la maravillosa corriente de energía que está fluyendo.

-
-

AQUIETAR LOS SENTIMIENTOS

- En el logro de la Maestría o del Adeptado, el control consciente de toda fuerza o el manejo de toda sustancia, dependen, primeramente, del reconocimiento que se le dé al propio Ser Divino; segundo, de la tranquilidad emocional bajo todas las circunstancias; y tercero, uno debe estar por encima de toda tentación de hacer mal uso del poder. La quietud de toda emoción, a través de un control consciente, es imperativa y completamente necesaria en el Adepto, si se ha de lograr el dominio.

- Esto no significa que haya que reprimir la discordia dentro de uno, en ningún momento. Se trata de aquietar y armonizar los sentimientos, no importa cuáles sean las circunstancias que estén rodeando la mente o el cuerpo del estudiante. Semejante control no es cosa fácil para las personas del mundo occidental, porque en este hemisferio el temperamento de la gente es sensible, emocional e impulsivo. Esta característica es una energía de inmenso poder, que debe ser controlada, mantenida en reserva y emitida, únicamente, por medio de una dirección consciente, para el logro de algo constructivo. Hasta que este gasto de energía sea controlado y completamente gobernado, el individuo no podrá realizar progresos permanentes.

- A menudo el estudiante pregunta si es posible llegar a un punto, mientras se está aún en el sendero de la Maestría, en que uno se eleve por encima del uso de las afirmaciones. Cuando un individuo usa sinceramente una afirmación, él logra una aceptación plena de la verdad de aquello que afirma, ya que el uso de dicha afirmación enfoca la atención de la mente exterior tan plenamente sobre la Verdad, que la persona la acepta plenamente en sus sentimientos, y el sentimiento es la propia Energía Divina descargada que manifiesta la verdad afirmada.

-
-

CALMA

- En algún momento del día, durante cinco minutos y en perfecta calma, cada estudiante debería decretar el Pleno Poder de Percepción y la Completa Actividad de este Poder en su vida y en su mundo. Esto le permitiría tener una claridad interna y externa con relación a sus actividades y asuntos, claridad que todos los estudiantes necesitan y que realmente solicitan a menudo.

-
-

CAMINO DEL MEDIO

- Cuando el estudiante es un poco inseguro, esto trae ansiedad y produce tensión. A medida que te adentres en la Actividad Superior, te sentirás más y más relajado. Cuando tengas que manifestar algo, adopta siempre una actitud de sereno equilibrio. Sé feliz y regocíjate en la Presencia en todo momento, pues debes mantenerte siempre en el Camino del

Medio. Mantente en este Centro Equilibrado. Uno puede regocijarse profundamente, tanto en el sereno equilibrio como en la sobreexcitación.

- El equilibrio sereno le transmite a los demás ciertas cosas que ellos necesitan, pues todo ser humano precisa equilibrio y darse cuenta conscientemente de su necesidad de sostener la calma y la tranquilidad, pues esto le da una protección constante. El equilibrio tiene, en sí mismo, cierto poder de autocontrol, y protege lo que es muy esencial. No solo te sentirás complacido, sino que te asombrarás, al mismo tiempo, de las cosas maravillosas que sucederán. Usa la afirmación: "YO SOY el Equilibrio Perfecto que controla todas las cosas".

- Dentro de la conciencia de cada individuo existe aquello que representa el péndulo de un reloj o el equilibrio de la conciencia. Dentro de la conciencia humana existe aún la inclinación a ir de un extremo al otro, de la depresión al júbilo, y a cambiar nuevamente. Tomar la firme y consciente determinación de actuar constantemente en el Perfecto Equilibrio del Amor, la Sabiduría y el Poder, te permitirá retomar rápidamente al Camino del Medio y no sentir el más mínimo temor de irte a cualquier extremo.

- Debes estar alerta para invertir todas las condiciones negativas que se presenten ante tus sentidos. Para darte un ejemplo: si sientes frío, invierte la conciencia y afirma que eso no es cierto, que lo normal es la buena temperatura. Si sientes calor, reemplaza esa sensación con la conciencia del frescor natural. Si estás eufórico a causa de una buena noticia, afirma: "Paz, aquiétate". No conviene inclinar la balanza, alterando la Ley de Ritmo. Decreta la calma, el reposo y la seguridad.

-

- Lo ideal, ante todo lo que nos comunican los sentidos, es moverse por el Camino del Medio, el equilibrio, conservando la tranquila Maestría del "YO SOY". Decide lo que deseas realizar y entonces afirma: "YO SOY la Presencia haciéndolo". El uso de la Presencia impide que se desarrolle algo desequilibrado. ¿Por qué? Porque "YO SOY" es el Perfecto Equilibrio. "YO SOY" es el Poder, es la Inteligencia, es el Amor que gobierna toda Perfección. Su sola mención y actividad obliga a que se manifieste el equilibrio. La naturaleza de la conciencia externa es oscilar de un lado al otro.
- El Equilibrio Eterno es el Camino del Medio; el deseo de entrar en esa actividad es lo que te conduce a la misma y te mantiene allí. Mientras más profundamente reconozcas y permanezcas en la Presencia de Dios, más rápidamente actuará el Poder Divino. Cuando hemos aprendido a seguir el Camino del Medio, el "no puedo" desaparece de nuestro vocabulario.
-

-

CUIDAR LOS SENTIMIENTOS

- Un individuo puede estar positivamente alineado en el lado de lo correcto y, sin embargo, sus energías individuales pueden estar cargando categóricamente vibraciones de naturaleza agresiva e inarmoniosa, dentro de la causa que él pretende servir. ¿Paradójico? ¡No! Al tratar con las condiciones, la naturaleza de tu mundo de sentimientos determina si estás sosteniendo la paz por virtud propia o, por el contrario, estás alimentando la labor del mal. El estudiante tiene que realizar esfuerzos conscientes para mantener su mente en Paz, de manera que el Poder Interior fluya sin obstrucción, y se puedan cumplir los deseos.

-
- Es cierto que la inteligencia es el canal receptor; pero a medida que sientas la "Realidad de la Presencia YO SOY" con profunda y completa sinceridad, verás que esa quietud crece más y más. Entonces, un día encontrarás abierta de par en par la puerta de tu creación, y entrarás con los brazos abiertos en esa Libertad, inhalando la Fragancia de la Atmósfera Pura del Mundo Etérico; allí serás capaz de moldear, con esa sustancia plástica, la Perfección de todo aquello en lo que tu deseo se pose.
- Estás progresando de modo espléndido; no permitas que ningún temor a personas, lugares, condiciones o cosas te altere; la "Presencia de la Luz" está ante ti, haciéndote señas para que sigas adelante y puedas ser sostenido en Su abrazo afectuoso, recibiendo las Riquezas Ilimitadas que Ella te guarda.
-
-

EN LOS BRAZOS DE DIOS

-
- Aquellos que quieran alcanzar la paz, la calma y el éxito, deben sentir como si se dejaran caer en los brazos de Dios, por así decirlo, tal como un niño lo haría con su madre, para descansar allí, en la Actividad de esa Magna Presencia Interna, el "YO SOY". Solamente cuando lo externo se vuelve lo suficientemente obediente, dándole todo el Poder a esa

Gran Presencia Interna, uno encuentra Paz y Calma en ese Poderoso Reconocimiento. Esa Paz y esa Calma fluyen como un río poderoso de Energía, como un arroyo de montaña que atraviesa un valle fértil, lleno de flores y vegetación perfecta. Entonces, te moverás cada vez más en esa Paz que sobrepasa toda comprensión humana, y encontrarás ese río eterno de Energía fluyendo en y a través de tu Ser y de tus experiencias, dondequiera que vayas.

EQUILIBRIO EN TUS ACTIVIDADES

- Tú descubrirás el equilibrio en tus actividades: ocho horas de servicio, ocho horas de recreación y ocho horas de descanso. Tú no quieres prestar servicio tan solo por una o dos horas. Ni siquiera lo pienses, amigo. En toda Vida existe esa Triple Actividad, y cuando está en equilibrio, produce la Perfección. Quiero que entiendas esto. A medida que alcances una mayor Perfección, descubrirás que desarrollas esas tres actividades. Entonces, cuando llegues a entender que tu "Gran Presencia de Vida" puede convertirte en un individuo "completo", no solo podrás hacer una cosa, sino que serás capaz de realizar todo aquello en lo que pongas tu atención, porque la Inteligencia de la "Presencia" te capacitará para lograrlo.

HORAS DE SUEÑO

- "Dormir" es entrar en el Gran Silencio. En el momento en que el ser externo se vuelve inactivo, la actividad interna es liberada. Es necesario que tengas determinado tiempo de descanso. Dormir es una completa relajación para el cuerpo. Hasta que la estructura atómica sea desprovista de su densidad, parece que dormir resultará necesario, para que lo externo pueda recibir la Presencia Interna y Su Radiación continuamente.

-

- Antes de acostarte en la noche, invoca a tu "Poderosa Presencia YO SOY" para que te dé una perfecta paz y tranquilidad, y, mientras duermes, por medio del Poder del Cuerpo Mental Superior, cargue tu cuerpo con Su Ilimitada Energía, Su Poderosa Inteligencia Regente y Su Invencible Protección. Luego verás, Amado Amigo, la potencia con la que llenará tu Vida y tus experiencias; pero debes ser sincero, debes creer que la "Presencia" está ahí y debes sentirla; de ese modo, los resultados serán todo aquello que puedas concebir con tu más grande imaginación.

- Te recuerdo que no has entendido la importancia de estar acostado a la medianoche, para que cierto trabajo pueda ser realizado en esas horas. Es importante que el cuerpo ya esté descansando a la medianoche. Determinado trabajo es realizado en ese momento; una tremenda labor ha sido planificada y no puede ser llevada a cabo si no se cuenta con tu total cooperación. Te aseguro que estarás feliz de colaborar.

- Mientras tu cuerpo duerme, en los planos superiores se produce un constante visiteo e intercambio de ayuda. Es algo de lo cual tu ser exterior no tiene conocimiento. En el mismo momento en que puedas tranquilizar la mente exterior y ponerla bajo control, recibirás tal cantidad de revelaciones que las mismas se atropellarán en tu mente. Cuando los estudiantes comiencen a reconocer el trabajo que realizan mientras sus cuerpos descansan -quiero decir, cuando retengan la memoria de ello-, gozaré de la experiencia. La belleza, el poder y la perfección que cada uno es, mientras se encuentra en el Cuerpo Mental Superior, se encuentra tan por encima de todo lo existente en el mundo externo, que no podrías compararlos.

-

- Una maravillosa labor que podemos realizar, durante la noche, es proyectar Rayos de Luz, usando la Espada de Llama Azul. Por esta razón, dondequiera que estés, vete a la cama antes de las doce de la noche. No quiero decir que debas sentirte presionado. No tiene importancia dónde te encuentres; siempre saldrás a realizar este trabajo regular. Es mucho mejor que el cuerpo esté dormido, ya que para desarrollar cierto trabajo precisamos hacer cosas en el mundo externo; necesitamos realizar la conexión con el cuerpo dormido, a fin de darle energía a las cosas físicas.

- Decreta, a través de tu Poderosa Presencia Interna, que cuando tú desees dormir, estés sostenido en esa Presencia Invencible, y que el cuerpo duerma como un niño. Ordénale a la memoria exterior que retenga y traiga a la conciencia externa todo lo que desees saber.

-

LOGRO PERMANENTE DE LA PAZ

- Lo único permanente es invocar el Poder de la Luz para que se manifieste con tal Fuerza que gobierne el mundo emocional de la humanidad. ¡Ese es el Unico Logro Permanente de la Paz! Con esto no quiero decir que, si acaso te ves amenazado, no debas defenderte físicamente; de ninguna manera; pero la defensa física es tan solo algo temporal. Lo único permanente es invocar los Poderes de la "Presencia" para que la Gran Luz Cósmica se le una.

- Te sugeriría que te mantengas enviándole Paz y Libertad a toda la humanidad. Donde sea que haya individuos sinceros, esto significará una gran ventaja que podremos aprovechar.

-

PAZ EN EL HOGAR

- Traten de mantener una Paz profunda en el hogar; esto hará posible que se dé una Instrucción más elevada. En la antigüedad, a la raza china le fue inculcada una actitud de calma, reposo y silencio. Muchas veces, esta actitud es el resultado de la Gran Adoración a la Presencia. Esta característica se ha mantenido hasta el presente en China, pero, desde que la raza hizo contacto con gente de habla inglesa, ha perdido en gran medida estas cualidades.

PODER DE PAZ

- ¿Te cargarás a ti mismo y cargarás a los demás con Mi propio Poder de Paz, con el del Amado Jesús, el de la Amada Lady Nada o el del Gran Director Divino, o el de todos a la vez? No puedo entrar en detalles y explicaciones, porque no quiero poner tu mente externa sobre esto, pero las condiciones exigen la más Poderosa Protección y un sereno Poder de Radiación. Tú no puedes entrar en contacto con la radiación de estos Grandes Seres si esto no se manifiesta. Entonces, será mucho más fácil controlar las condiciones, si bien, hasta que ese momento llegue, Nosotros deberemos manejarlas desde el punto de vista Interno.

PROVOCACIÓN

- Le solicito a los estudiantes que no se aguijoneen entre sí, ni siquiera en broma. Está bien cuando todo es armonía, pero cuando alguien está un poco fuera de sí, esos pinchazos resultan demasiado fastidiosos; así que eviten molestarse entre sí, no sea que lo hagan en el momento equivocado.

- Cuando todos se encuentran en un estado de gran felicidad, pueden decirse cosas y estas no surten ningún efecto; es simplemente una expresión de felicidad. Pero si algunas personas del grupo están un poco inarmónicas, decirles esas mismas cosas puede originar un sentimiento de cólera en ellas, y eso es falta de autocontrol. Cuando todo el mundo está feliz, las cosas "resbalan"; pero cuando no lo están, no "resbalan" y comienzan a actuar, revolviendo el mundo emocional.

- Es maravilloso estar feliz; pero puedes estarlo sin decir ni hacer cosas que no harías ni dirías cuando no lo estás, pues esto tiene su efecto en el mundo emocional de los demás. Por lo tanto, creo que los estudiantes deberían usar el discernimiento. No digas cosas que podrían ser calificadas como insensibles por otros, porque en esos momentos de desprotección, le das inicio a la perturbación otra vez. Si tenías o no la intención de hacerlo no genera ninguna diferencia; si de hecho ocurre, eres responsable por alborotar el mundo emocional de los demás. ¿Lo entiendes?

- Estas son las dos posiciones: un individuo se siente feliz y dice cosas que podrían ser interpretadas como poco amables. La otra persona, por alguna razón, simplemente no se encuentra en un estado de perfecta armonía; entonces, los comentarios penetran en su mundo emocional. Pues bien, las dos condiciones están actuando: uno no debería haberlo dicho; el otro, debería haber controlado sus sentimientos; de modo que ambos están generando su parte de inarmonía en el mundo emocional. Estas son cosas que están interactuando, pero a menos que las entiendas, te encuentras desamparados ante ellas. Por eso, el autocontrol es la cualidad más vital de todas en el Universo.

-

- No puede haber perfección mientras uno se rehúsa a

obedecer y a mantener el autocontrol de su propio mundo de sentimientos. Muchas veces, la gente realiza una práctica lo suficientemente dinámica y obtiene resultados maravillosos, pero no puede mantenerlos porque no sostiene el autocontrol de su propio mundo emocional. Esa es la razón. ¡Suena casi increíble! Yo nunca me preocupo en lo absoluto si cometen errores o si alguna vez sufren un traspié. Eso no tiene nada que ver. Pero si veo que los estudiantes comienzan a herir sus sentimientos entre sí, entonces tengo que detener eso, pues de lo contrario podrían generar un *"moméntum"* que destruiría definitivamente el propósito por el cual están trabajando.

• Observa que Nosotros nunca formulamos una opinión acerca de lo que los labios pronuncian, pues lo realmente importante es lo que se está descargando desde el mundo emocional. Te aseguro que no tiene nada que ver lo que otra persona haga contigo; lo que sí importa es la completa armonía dentro de tu mundo emocional. En el contacto con otros seres humanos, no hay provocación que justifique el que te irrites o te perturbes. Nadie debe mantener esos sentimientos dentro de sí. Yo sé el momento preciso en que estos surgen, y trato, firmemente, de ayudar a los estudiantes para que los disuelvan. Así que, si ellos los dejan ir, Yo haré el resto o, al menos, la mayor parte, hasta que tengan el pleno poder para hacerlo por sí mismos. ¡No tienes idea de cómo me sentiré cuando los estudiantes hayan alcanzado la Victoria sobre este punto! ¡No sabes cuánto deseo verlos lograr esto rápidamente!

•

• Ante las actividades discordantes, decreta: "YO SOY la Presencia previniendo esto. YO SOY el Control Positivo y Pacífico de toda esta situación". Me regocija enormemente ver la determinación que tienes para mantener el autocontrol y la armonía dentro de ti. Una vez que observas y mantienes la guardia sobre la más mínima insinuación, la actividad de gobernar los sentimientos se vuelve algo tan simple como respirar.

-
-

RELAJACIÓN Y DESCANSO

- Ahora bien, bendito Mío, duerme esta noche y disfruta de la paz, el descanso y la relajación más grandes que jamás hayas conocido. Siente la descarga de la Luz Líquida que actúa dentro de tu cuerpo y de tu mundo emocional, disolviendo toda imperfección que allí se encuentre. Recuerda: Mi Mano está en las tuyas para que alcances la Victoria Eterna, a menos que pienses que Soy demasiado caprichoso para mantenerla allí. Confío que en la mañana puedas decir: "¡Anoche descansé mejor que nunca!". ¿Sabes que para Mí, tanto como para ti, esto siempre significa un gran deleite y regocijo? Esto nunca puede ser un asunto unilateral, ¿lo sabes? Yo te doy a ti, tú me das a Mí, y juntos lo devolvemos a la Vida.

-

SERENIDAD

- Los sentimientos deberían mantenerse siempre en equilibrio o reposo. El reposo es, en realidad, descanso. Uno debería observarse al hablar, sentir y actuar, para hacerlo siempre con serenidad. Todos deberíamos aprender a movernos rápidamente, pero sin apuro o irritación; esto es serenidad en la acción. Todos los estudiantes deben lograrlo, en algún momento, para convertirse en la encarnación de la fuerza controlada. En la vida de todos, hay momentos en que una situación exige una acción rápida, y si uno está actuando con calma, la mente no se confunde. Entonces, la dirección interna puede expresarse con su habilidad, para hacer lo que sea necesario. De esta manera, los sentimientos se mantienen en calma y la mente está clara para recibir la directiva correcta y llevarla a cabo.

SER PAZ

- Hijo mío, no puedes comprender cuán grande es la necesidad de que te mantengas armonioso, si has de expresar el Poder y la Perfección Interior en tu vida externa. Lo más importante es mantenerse en Paz, Amoroso y Sereno, ya que, cuando se logra esto, la Magna Presencia Interior puede actuar sin límites, en un instante.
- El derramar continuamente Paz y Amor Divino sobre cada persona y sobre todo, incondicionalmente, no importa si uno cree que alguien lo merece o no, es la Llave Mágica que abre las puertas y da paso, instantáneamente, a este tremendo Poder Interior. Feliz aquel que ha aprendido esta Ley, pues entonces busca ser Paz y Amor en todo momento. Sin ello, la humanidad no tiene nada; y con ello, tiene todas las cosas perfectas. La Armonía es la Llave Tonal, la Gran Ley de la Vida. En Ella reposa toda manifestación perfecta, y sin Ella, las formas se desintegran y regresan al Gran Océano de Luz Universal.

Capitulo 4
PRECIPITACIÓN

- Cuando hablo de Precipitación, no solo me refiero a la apertura de los canales invisibles, sino a cualquier canal, ya que todo es Precipitación, lo creado y lo no creado aún, y solo existe una pequeña diferencia. Al comienzo se necesita determinación para lograrlo, pero cuando uno sabe que el Poder del "YO SOY" es el que está actuando, también sabe que no es posible fallar. En lo exterior solo se tiene que mantener la atención fija sobre el objeto que se quiere hacer visible; uno se concentra, y de pronto lo encuentra plasmado; entonces se asombra al constatar que ha vivido tanto tiempo sin el uso de este Poder.

- El Poder de la Precipitación está dentro de la "Presencia YO SOY". Esto debe ser recordado en todo momento. "YO SOY el Principio Vital en este cuerpo. En todas partes, hasta en el Corazón de Dios, YO SOY la Inteligencia Gobernante del Universo. Entonces, cuando quiero precipitar algo, no importa qué cosa sea, YO SÉ que YO SOY el Poder Actuante, YO SOY la Inteligencia Dirigente, YO SOY la Sustancia que está siendo utilizada, y ahora la traigo a la manifestación visible para mi uso".

- La meditación en esta frase que acabo de expresar le permitirá al estudiante adentrarse en esta actividad, sin tensión ni ansiedad. Decreta con frecuencia: "YO SOY la Presencia Precipitadora de esto". No te pongas ansioso;

simplemente ten la serena certeza de esto. Cuando eres consciente de que el "YO SOY" está actuando, sabes que está avanzando.

- Únicamente debes crear la imagen e imprimirla dentro de ti, y la Presencia Interna la traerá a la manifestación. Cuando te hagas el cuadro, este se volverá una realidad muy rápidamente. Siente que, cuando haces algo, eres Dios realizándolo, y que, por este motivo, eso debe manifestarse. La orden "YO SOY" es la actividad de aquello que ya existe, obligándolo a aparecer en el exterior. No se pueden utilizar las palabras "YO SOY" seguidas de lo que uno desee, sin comunicarles el Poder de manifestarse.

CONDENSACIÓN Y ETEREALIZACIÓN

- Cuando entras de lleno en la acción de la Ley, siempre están las dos actividades: primero, la condensación, y segundo, la eterealización. Síguelas serenamente y no dejes que el tiempo, el lugar o las cosas interfieran.

MOLDEAR LA SUSTANCIA

- Un pensamiento maravilloso, como para vivir con él siempre, es el siguiente: "YO SOY el Pensamiento Creador Perfecto, presente en las mentes y corazones de todo el mundo en todas partes". Es algo maravilloso. No solamente da Paz y tranquilidad al que lo tiene; también genera dones ilimitados que vienen de la Presencia.
- En este punto, quisiera recordarles a los estudiantes que los Centros Creativos (pensamiento y sentimiento) de la conciencia, deben ser usados para moldear, con la Luz Universal, la manifestación y la sustancia que ellos requieren para reemplazar las apariencias a disolver. No existe algo que sustituya la visualización pensada y sentida de forma dinámica y positiva, para exteriorizar perfectamente lo que la visualización ha descrito.
- Las generalizaciones no son específicas. Por ejemplo, cuando nosotros elegimos precipitar una cena, cada rebanada de pan, cada fruta, es diseñada dentro de la conciencia. Nuestra vida es insuflada dentro de la Sustancia Luz para formar el diseño, y, hasta que esto no sucede, no es bajada a la forma. Lo mismo deben hacer todos los que escogen disfrutar de bellas manifestaciones en el plano tridimensional.
- Experimenta con tus facultades creativas. Yo hice esto

durante muchos años, antes de obtener mi completa emancipación de las limitaciones de la conciencia humana. Escoge un diseño sencillo y moldéalo con la Sustancia Luz. Entonces, cuando tengas la forma manifestada en tus manos, sentirás más confianza en el poder de tu propia energía de vida para crear y manifestar los deseos de tu corazón dentro de su propia esfera de influencia, y en el logro de su propio poder para gobernarlo.

- Ten en cuenta la siguiente máxima: "Saber, Osar, Hacer y Callar". Esto conduce al éxito.
-
-

PODER DE PRECIPITACIÓN

- Se te ha mostrado cómo se produce la Precipitación por medio de la visualización. Lisa esta afirmación: "Gran Presencia, revélame ahora, completa y totalmente, esta Actividad de Visualización y Precipitación dentro de la forma física. Enséñame todo acerca de ella, y cuida que yo siempre la use para realizar el Plan Divino, para la Gloria de Dios, y para Bendición y Servicio de toda Su Creación". Después que te he dado la explicación de la Ley y que has recibido el Poder Interno y la convicción, no hables de ello, ya que así desperdiciarías el Poder que lograría la plena manifestación. Tienes la Visión, el Poder y la Habilidad para aplicar esto. ¡Ahora hazlo!

- El Poder de la Precipitación es una de las actividades más poderosas de esta Maravillosa Presencia que se le está irradiando a cada estudiante en la actualidad. Cualquier Maestro Ascendido puede aparecer y precipitar esto, aquello o cualquier cosa. Afirma frecuentemente: "Yo puedo precipitar y precipito todo aquello que yo deseo. Lo Interno conoce la Perfección, y ha precipitado lo externo". Yo quiero que sientas, que aceptes gozoso y que sepas, con todo tu ser, que el Poder de la Precipitación no es un mito; es real. Los que desenvuelvan este sentimiento con suficiente intensidad, lograrán la Precipitación de todo lo que desean.

- Algunos individuos han almacenado tesoros de Energía, es decir, Energía generada por la actividad consciente de cada uno, a través de la "Presencia YO SOY". Unos tienen almacenados tesoros de Luz; otros, tesoros de Amor; y otros, de oro y joyas que fueron guardados para ser utilizados en esta encarnación. Muchos están a punto de atraer a sus manos, en el plano visible y tangible, estos tesoros almacenados.

- No pienses que me he extraviado en alucinaciones fantásticas. Estoy trayendo esto a tu atención, para tu propio beneficio y bendición. Entenderás, amado estudiante, que solo la actividad externa del mundo físico requiere de un medio de intercambio; en el momento en el que alcances el Poder de la Precipitación, tendrás poca necesidad de precipitar oro, dinero o cualquier otro medio de intercambio, salvo incidentalmente.

-

PRECIPITACIÓN DE ORO

- Lo que enfrenta el estudiante, en este asunto de la Precipitación, es la cuestión del dinero. La primera pregunta es siempre: ¿Cómo se puede precipitar dinero sin interferir o sobrepasar el límite asignado por el Tesoro Nacional?

- Desde que se estableció el dinero como patrón de cambio —y siendo el oro, como quien dice, lo que garantiza este patrón, o sea, el respaldo de toda emisión—, hay que recordar que ha habido innumerables desastres de toda clase, en los que se ha perdido oro o remesas de dinero por valor de billones. Igualmente, han desaparecido miles de toneladas de oro de diversos países, sumergidas en el océano y enterradas en lo profundo por diversos cataclismos. Por lo tanto, como la

Precipitación se hace del aire, es oro en su estado natural, y debería tratarse de cantidades enormes para que existiera el peligro de sobrepasar el límite permitido legalmente. Además, siempre es legal utilizar el oro, y como el mundo tiene ofrecida una prima para que sean producidas mayores cantidades de oro, ¿por qué no precipitarlo y así beneficiar al mundo?

- Ahora, no me responsabilizo por las preguntas que Ies hagan, cuando ustedes presenten su oro precipitado. Ustedes no saben hasta dónde llega la curiosidad de la mente exterior, cuando se alborota la atención con respecto al oro. Por ejemplo, a menos que se sepa de la existencia de una mina de donde extraerlo, la mente humana se agita de inmediato.

-

- Toda consulta para averiguar el origen del oro es una sutil forma de indagación para descubrir la fuente y aprovecharse de ella. Mi opinión es que se responda a esas inquisitorias: "Esto es oro. A usted no le importa dónde lo he adquirido. Pruébelo, analícelo. Si no es cien por ciento oro, puede rechazarlo, y si es oro puro, usted está obligado a recibirlo por la Ley de su Gobierno". Sin embargo, no olviden que la "Presencia YO SOY" es quien lo gobierna. Ella es la que lo precipita y lo hace circular sin obstáculos.

- El oro líquido algunas veces es precipitado por sus propiedades curativas. Su estructura es muy similar al mercurio, solo que se trata de oro. Por regla general, al contactar esta vibración más densa, el mismo siempre adopta una tonalidad verde jade. En su actividad superior, el verde es difícil de percibir, y en ese estado, el oro líquido asume una tonalidad rosada en lugar de verde.

-

Agradecimientos

Querido lector,

Nos sentimos profundamente agradecidos por haber elegido este libro, Libertad Financiera de Saint Germain, como parte de tu camino hacia la transformación y el crecimiento espiritual y financiero. Tu preferencia es un honor para nosotros, y esperamos sinceramente que este conocimiento te inspire y te ayude a manifestar abundancia y libertad en tu vida.

Que disfrutes de cada enseñanza y decreto contenido en estas páginas, y que encuentres en ellos las claves para liberar todo tu potencial. Este libro ha sido creado con dedicación y amor para apoyarte en tu evolución personal y financiera.

Si este contenido ha sido de valor para ti, te agradeceríamos que compartas tu experiencia dejando una reseña en Amazon. Tu opinión no solo nos ayudará a mejorar, sino que también permitirá que otros puedan beneficiarse de este mensaje transformador.

Con gratitud y luz,
Luis Mesias

www.ingramcontent.com/pod-product-compliance
Lightning Source LLC
Chambersburg PA
CBHW071422210526
45465CB00001B/493